Gaumen
KINO

ANGELA HIRMANN, ERNST M. PREININGER

Gaumen
KINO

REZEPTE FÜR DIE
FREUDE AN DER VIELFALT

Mit Fotografien von Wolfgang Hummer

löwenzahn

Inhalt

═══ ZUR WARMEN JAHRESZEIT ═══

ZUR KALTEN JAHRESZEIT

GRUNDREZEPTE

ANHANG

Vorwort

Wer von einer schönen und beeindruckenden Reise erzählt, erinnert sich auch Jahre später an Restaurants, in denen man hervorragend gegessen hat, oder an Gerichte, die auf eine spezielle Art zubereitet worden sind. **Gutes Essen bleibt in Erinnerung und begleitet uns dauerhaft.** Warum verhalten wir uns dann zu Hause im Alltag in einem so grundlegenden Widerspruch zu dieser Erkenntnis? Wie kommt es, dass wir unser Auto mit überteuertem Treibstoff betanken, der uns ein halbes Vermögen kostet, und uns dann damit auf den Weg zum Diskonter in die Vorstadt machen, um uns mit billigster Tiefkühlaufbackware, Industriewurst und Unreifgemüse ohne erkennbaren Geschmack einzudecken?

Absurderweise haben wir das Gefühl, für Lebensmittel viel zu viel ausgeben zu müssen. Es stimmt, rein rechnerisch wird alles teurer, aber: **Prozentuell gesehen investieren wir immer weniger in Lebensmittel.** Waren es in Österreich 1954 noch fast 45 und 1974 immerhin noch 27 Prozent, hatten wir 2012 nur mehr 10 Prozent unseres Gesamtbudgets für Essen übrig. Europaweit bewegen wir uns damit momentan im untersten Bereich, in einigen Ländern gibt man sogar zwei- oder gar dreimal so viel aus. Die Pointe kommt noch: Laut dem österreichischen Lebensministerium ist etwa 2012 DIE HÄLFTE aller gekauften Lebensmittel in den Müll gewandert, insgesamt 157.000 Tonnen. Richtig gelesen: HUNDERTSIEBENUNDFÜNZIGTAUSEND TONNEN.

Es ist paradox: Wir gönnen uns einerseits den fragwürdigen Luxus, unseren Kühlschrank mit billigsten Nahrungsmitteln vollzustopfen, von denen wir dann nur die Hälfte tatsächlich konsumieren, ärgern uns aber andererseits, wenn der Liter Milch wieder einmal um sieben Cent teurer geworden ist, oder bezeichnen Biogemüse vom Bauern aus der Umgebung als „unleistbar". Dabei ist die Rechnung ganz einfach: Wir bräuchten nur halb so viel einzukaufen und könnten beim Status Quo das Doppelte dafür bezahlen, wenn wir nur darauf achten würden, was wir wirklich brauchen und wie wir die Rohstoffe weiterverarbeiten. So wären wir auch nicht abhängig von Lebensmitteln, die uns von Supermärkten und Diskontern nachgeschmissen werden und die nach nichts schmecken, außer nach dem Pfeffer, den wir darüberstreuen. Reden wir uns nicht ein, wir könnten uns Genuss daheim nicht leisten, sondern schauen wir genau hin: **Wer weiß, was aus einem Kilo Mehl alles entstehen kann, muss nie wieder zum Billigprodukt greifen, das zwar satt macht, aber nicht glücklich.**

Niemals haben wir leuchtende Augen bei jemandem gesehen, der sich gerade Tiefkühlknödel mit „Gourmet"-Fertigsauce vom Industriehersteller des Vertrauens in die Figur gestellt hat. Viele glückliche Momente konnten wir jedoch beim Versuch beobachten, sich im Handwerk des Kochens zu üben, besonders, wenn man dafür grandiose und frische Zutaten zur Verfügung hat. Unserer Meinung nach ist es völlig in Ordnung, auch tierische Produkte zu verwenden, solange sie aus verantwortungsbewussten Betrieben stammen, die tatsächlich noch als Bauernhöfe zu bezeichnen sind. **Spricht man beispielsweise von Standards für Tierhaltung, stellt das Biozertifikat das niedrigste und nicht das höchste Anforderungsniveau dar.** Ein aus unserer Sicht fragwürdiger gesellschaftlicher Trend besteht

darin, alles Tierische aus ethischen, ökologischen und gesundheitlichen Gründen prinzipiell durch Pflanzliches oder Synthetisches zu ersetzen. Die persönlichen Gründe für den tierproduktlosen Konsum mögen unterschiedlich und teilweise sehr nachvollziehbar sein, dass dabei dem Umweltschutz und der Gesellschaft langfristig oftmals ein Bärendienst erwiesen wird, ist jedoch offensichtlich: industrielle Herstellung und zentralisierte Vermarktung von Ersatzprodukten über Großhandelsketten, damit verbundene enorme Lieferwege, Verlust von bäuerlichen Strukturen, Handwerkstraditionen, regionalem Wissen und Kulturraum, Bagatellisierung und Ablehnung der für die Landwirtschaft enorm wichtigen Bienenzucht und einiges mehr.

Und das Allerwichtigste und gleichzeitig Grundlegendste, etwas, das kaum vorkommt in Diskussionen um „richtige" Nahrungsmittel: **die Lust an gutem Essen**. Eine Lust, die wir unseren Kindern auf keinen Fall vorenthalten dürfen und die nicht auch noch durch den gesellschaftlichen Effizienz- und Optimierungswahn zerstört werden darf. Eine Lust, die nicht mehr Gleiches fordert, sondern mehr Verschiedenes, die uns befähigt, Geschmack zu entwickeln und Qualität zu erkennen und zu wollen, und diese auch von Herstellern und Politik einfordert. Es ist eine Lust, die nicht ständig getrieben ist, Echtes durch Künstliches zu ersetzen.

Wir betreiben seit 2013 das „Gaumenkino" in Graz, ein kleines Restaurant, in dem wir einen Mittagstisch anbieten, gekocht aus den Zutaten, die uns Biobauern aus der Umgebung jede Woche frisch liefern und die wir in einem integrierten Laden auch zum Verkauf anbieten. **Wir wollten von Anfang an den Beweis erbringen, dass es möglich ist, absolut saisonal zu kochen, ohne dabei auf den Genussfaktor und auf Ausgewogenheit verzichten zu müssen.** Fleisch findet sich selten auf unserer Speisekarte. Wenn, dann arbeiten wir mit guten Stücken von ausgewählten Lieferanten. In diesem Sinne haben wir unser Buch gestaltet: Aufgeteilt in kalte und warme Jahreszeit, orientiert am in unseren Breiten tatsächlich vorhandenen Lebensmittelangebot. Ein paar schöne Fleischrezepte sind dabei, aber ganz so, wie es unserer Meinung nach sein sollte: Hin und wieder Fleisch, dafür höchste Qualität vom Bauern, dann wird's was Gutes.

Unser Buch ist ein Plädoyer, den Mut aufzubringen, Essen zu genießen und zu schätzen, zu kosten und zu probieren. Und nicht zuletzt, beim Kochen das **Bauchgefühl** walten zu lassen. Unser Kochbuch soll nicht reines Malen nach Zahlen sein, sondern ein Gespür für den Rohstoff vermitteln, das nur entstehen kann, wenn wir es einmal ganz anders machen und das nehmen, was wir gerade zur Hand haben. Mit einigen wenigen Grundrezepten und ein bisschen Wissen rund um Rohstoffe kommt man erstaunlich weit, und das Kochen bleibt garantiert spannend und neu.

Angela Hirmann und
Ernst M. Preininger

Anmerkungen

ZU DEN REZEPTEN

Wir haben unsere Rezepte grob in zwei Jahreshälften unterteilt, um die Benutzung des Buches zu erleichtern, und eine ungefähre Einordnung der jeweils vorhandenen Lebensmittel in typisch für die warme oder die kalte Jahreszeit vorgenommen. Natürlich ergibt das eine manchmal etwas willkürliche Einordnung, da sich das saisonale Lebensmittelangebot jedes Jahr ein bisschen verschiebt und es daher eben manchmal auch noch im November Paradeiser gibt.

Am Ende finden sich jene Grundrezepte, die für viele Speisen im gesamten Buch wichtig sind und die eine Vielzahl von Möglichkeiten schaffen.

Die Mengenangaben in den Rezepten beziehen sich, wenn nicht anders angegeben, auf **vier Portionen**. Bei Torten und Quiche sind die Mengenangaben auf eine **runde Backform mit 24 Zentimetern** Durchmesser ausgelegt.

Abkürzungen

EL Esslöffel

TL Teelöffel

Msp. Messerspitze

g Gramm

kg Kilogramm

ml Milliliter

l Liter

Zur warmen Jahreszeit

Schmackhafte Pestos

Die folgenden Rezepte sind als „Pestovorschläge" zu verstehen – man kann nämlich fast alle Kräuter zu Pestos verarbeiten, wenn man ein bisschen herumprobiert. Wichtig ist bei der Zubereitung von Pestos, dass die Kräuter oder Salate möglichst trocken sind, am besten verwendet man eine Salatschleuder. Wer keine hat, kann auch ein sauberes Geschirrtuch oder Küchenrolle verwenden.

Was den Käse betrifft, gibt es ebenfalls verschiedenste Möglichkeiten – ganz nach Geschmack oder danach, was gerade im Kühlschrank vorhanden ist. Dasselbe gilt für Nüsse oder Kerne, am besten schmecken sie allerdings trocken geröstet. Für zusätzliche Geschmacksnuancen kann man mit einem Schuss Essig, aber auch mit Zitronen- bzw. Orangenzesten oder einem Spritzer Zitronen- oder Orangensaft abschmecken.

Die Zubereitung ist ganz simpel: Einfach alles mit dem Pürierstab, der Moulinette oder im Mörser verarbeiten.

Zum Aufbewahren immer mit Öl bedecken und im Kühlschrank lagern.

Asia-Salate-Pesto

100 g	Asia-Salate
1	Knoblauchzehe
50 g	Hartkäse
2 EL	Walnusskerne, gehackt
150 ml	Sonnenblumenöl
	Salz

Vogerlsalatpesto

100 g	Vogerlsalat
1	Knoblauchzehe
50 g	Schafskäse (fetaartig)
2 EL	Walnusskerne, gehackt
150 ml	Sonnenblumenöl
	Salz

Kürbiskernpesto

100 g	Kürbiskerne, gehackt
1	Knoblauchzehe
50 g	Hartkäse
100 ml	Kürbiskernöl
1	Schuss Kräuteressig
	Salz

Kräuterpesto

1/2	Bund Petersilie
1/2	Bund Basilikum
3-4	Zweige Oregano
3-4	Zweige Minze
50 g	Kürbiskerne, gehackt
75 g	Hartkäse
150 ml	Sonnenblumenöl
	Salz

Liebstöckl-Salbei-Pesto

1	Bund Liebstöckl
1	Bund Salbei
50 g	Sonnenblumenkerne, gehackt
75 g	Hartkäse
150 ml	Sonnenblumenöl
	Salz

Wildkräuterpesto

100 g	Wildkräuter
1	Knoblauchzehe
30 g	Bergkäse
2 EL	Sonnenblumenkerne, gehackt
150 ml	Olivenöl
	Salz

Bärlauchpesto

100 g	Bärlauch
50 g	Hartkäse
2 EL	Kürbiskerne, gehackt
	Sonnenblumenöl
	Salz

Petersilienpesto

1	Bund Petersilie
3 EL	Mandeln, gehackt
30 g	Bergkäse
150 ml	Olivenöl
	Salz

Rotes Paprikapesto

2	rote Paprika
2	Knoblauchzehen
	Thymian
	Zitronenzesten
100 ml	Olivenöl
	Salz

Die Paprika halbieren und entkernen. Knoblauch schälen und ebenfalls halbieren. Gemüse (mit den Schnittflächen nach unten) auf ein Backblech legen und im Backrohr mit der Grillfunktion grillen, bis die Haut der Paprika schwarze Blasen wirft. Paprika und Knoblauch herausnehmen und zugedeckt in einer Schüssel abkühlen lassen. Dann die Paprika schälen und alle Zutaten für das Pesto mit dem Pürierstab mixen. Zuletzt mit Salz, Thymian und Zitronenzesten abschmecken, in Gläser abfüllen und mit Öl bedecken.

Knusprige Grissini

150 g	Dinkelvollkornmehl
1/4	Würfel Frischgerm
1 TL	Salz
1 EL	Pflanzenöl
1 TL	Himbeersenf
75 ml	lauwarmes Wasser
	Mohn, Sesam, Schwarzkümmel, Kümmel, Salz, geschroteter Leinsamen, Kräutersalz, Paprikapulver … nach Geschmack
	Milch zum Bestreichen

Mehl mit zerbröseltem Germ, Salz, Öl und Wasser zu einem glatten und geschmeidigen Teig kneten. Anschließend an einem warmen Ort circa dreißig Minuten gehen lassen. Das Backrohr auf 220 °C vorheizen.

Teig zusammenschlagen und gut durchkneten, mit einem Nudelholz circa einen halben Zentimeter dick ausrollen und mit einem Pizzaschneider oder scharfem Messer in einen halben Zentimeter breite Streifen schneiden. Anschließend auf ein mit Backpapier ausgelegtes Backblech legen.

Grissini mit Milch bestreichen und beliebig bestreuen.

Bei 220 °C Heißluft goldgelb backen, vollständig auskühlen lassen. Danach nochmals backen, damit die Brotstangen knusprig werden.

Zubereitungszeit: **ca. 30 min**
Rastzeit: **ca. 30 min**
Backzeit: **ca. 10 min & 1–2 min**

Waldstaudekorn-Sesam-Cracker
mit Dips

100 g	Waldstaudekornmehl
100 g	Topfen
50 g	Butter
	Salz
1	Ei, verquirlt, zum Bestreichen
	Sesam zum Bestreuen

Alle Zutaten wie auf Seite 217 beschrieben zu einem glatten, geschmeidigen Topfenblätterteig verarbeiten und im Kühlschrank rasten lassen.
Den Teig dann auf einer bemehlten Fläche quadratisch ausrollen und in Dreiecke schneiden.
Die Dreiecke auf ein mit Backpapier ausgelegtes Backblech geben, mit Ei bestreichen und mit Sesam bestreuen.
Im Backrohr bei 180 °C Heißluft knusprig backen.

Zubereitungszeit: **ca. 10 min**   Rastzeit: **ca. 15 min**   Backzeit: **ca. 15 min**

☞ Man kann die Cracker auch mit anderen Mehlsorten und unterschiedlichen Saaten zubereiten. Natürlich sind auch bei der Formgebung keine Grenzen gesetzt.

Frühlingszwiebel-Sojabohnen-Dip

2-3	Stangen Frühlingszwiebel
200 g	Sojabohnen, weichgekocht
2 EL	Sauerrahm
1	Knoblauchzehe
1 EL	Sesampaste (Tahin)
2 EL	Kürbiskernöl
	Salz, Pfeffer

Frühlingszwiebel fein schneiden. Sojabohnen mit Sauerrahm, Knoblauch, Sesampaste, Kernöl und den Gewürzen in einer Moulinette fein pürieren. Eventuell etwas Wasser oder Gemüsefond zugeben, gut vermischen.
Am Ende gegebenenfalls nochmals abschmecken.

Bärlauchtopfen

250 g	Cremetopfen
2 EL	Sauerrahm
50 g	frischer Bärlauch
	ODER
2 EL	Bärlauchpesto
	Salz, Pfeffer

Topfen und Sauerrahm glattrühren, Bärlauch fein hacken und untermischen. Aufstrich mit Salz und Pfeffer abschmecken.

Radieschendip

125 g	Topfen
2 EL	Sauerrahm
4-5	Radieschen
	etwas Radieschengrün
	Salz, Pfeffer

Radieschen fein reiben, Blattgrün fein hacken, Topfen mit Sauerrahm glattrühren.
Alle Zutaten vermischen und mit Salz und Pfeffer abschmecken.

Marinierter Kohlrabi
mit Basilikumvinaigrette und rotem Toastbrot

1-2	Kohlrabi (je nach Größe)
1	Stange Frühlingszwiebel
	Basilikum
3 EL	Sonnenblumenöl
3 EL	Himbeeressig
1 TL	Himbeersenf
4 EL	frischer Orangensaft
	Schale von 1/2 Orange, abgerieben
	Salz, Pfeffer
3-4 TL	Himbeersenf zum Anrichten

Die großen Blätter des Kohlrabi entfernen, die jüngeren fein hacken und für die Vinaigrette zur Seite stellen. Kohlrabi dünn abschälen, halbieren und in sehr dünne Scheiben schneiden.

Danach die Frühlingszwiebel in sehr feine Ringe schneiden und mit den übrigen Zutaten und den Kohlrabiblättern mit einem Schneebesen zu einer Vinaigrette verrühren.

Auf jedem kleinen Teller etwas Senf verteilen. Kohlrabi carpaccioartig auflegen. Mit einem kleinen Löffel Vinaigrette über dem Kohlrabicarpaccio verteilen.

Zubereitungszeit: **ca. 15 min**

Rotes Toastbrot

250 g	feines Weizenmehl
250 g	Weizenvollkornmehl
1/2	Würfel Frischgerm
2 EL	Joghurt
200 ml	lauwarmer Energiebündelsaft
3 EL	Pflanzen- oder Walnussöl
100 g	rohe Rote Rübe, fein gerieben und gut ausgedrückt
	Salz

Mehle mit zerbröseltem Germ und den restlichen Zutaten zu einem glatten und geschmeidigen Teig kneten.

Den Teig mit einem feuchten Tuch bedeckt bei Zimmertemperatur oder bei 50 °C gehen lassen.

Teig dann zusammenschlagen, gut durchkneten und zu einer Stange formen.

Eine Kastenform mit Backpapier auslegen und die Brotstange hineinlegen. Mit einem Messer dreimal schräg einschneiden und noch einmal gehen lassen. Währenddessen das Backrohr auf 190 °C Heißluft vorwärmen.

Das Toastbrot vor dem Backen mit Wasser bestreichen und knusprig backen.

Zubereitungszeit: **ca. 15 min**
Rastzeit: **2 x 30 min**
Backzeit: **25-35 min**

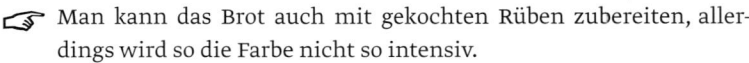 Man kann das Brot auch mit gekochten Rüben zubereiten, allerdings wird so die Farbe nicht so intensiv.

Gebackene Polentaknödel
mit Frühlingssalat

150 ml	Gemüsefond
40 g	Butter
	Salz
	Muskatnuss, gerieben
80 g	Polenta
2	Eier
	eingelegte Paprika
	Semmelbrösel
	Sesam
	Mehl
2	Eier, versprudelt

Gemüsefond mit Butter, Salz und Muskatnuss aufkochen. Polenta einrieseln lassen ständig mit dem Schneebesen rühren, bis die Polenta aufgequollen ist.

Polentamasse abkühlen, Eier einrühren. Eingelegte Paprika in kleine Stücke schneiden.

Eine kleine Portion Polentamasse auf der Handfläche glattdrücken, ein Stück Paprika in die Mitte setzen und mit feuchten Händen Knödel formen. Fertige Knödel kurz in den Kühlschrank geben.

Semmelbrösel und Sesam mischen. Knödel mit Mehl, Ei und Semmelbrösel-Sesam-Masse panieren und in heißem Öl frittieren.

Zubereitungszeit: **ca. 25 min**
Backzeit pro Knödel: **2–3 min**

Frühlingssalat

	verschiedene Wildkräuter wie Löwenzahnblätter, wilder Kerbel, Spitzwegerich, Schafgarbe, Gänseblümchen, roter Klee und andere essbare Blüten
3 EL	Kernöl
2 EL	Apfelessig
1 TL	Himbeersenf
	etwas Honig
4 EL	Apfelsaft
	Salz

Wildkräuter waschen und in mundgerechte Stücke teilen. Blüten ganz lassen. Aus Öl, Essig, Senf, Honig, Saft und Salz mit dem Schneebesen eine Marinade rühren und den Salat damit anmachen.

Zubereitungszeit: **ca. 10 min**

Suppentrilogie

Karottensuppe

500 g	Karotten
1	Zwiebel
50 g	Butter
1 l	Gemüsefond
250 ml	Apfelsaft
250 g	Joghurt
3	Eidotter
	Salz, Pfeffer

Karotten schälen und in dünne Scheiben schneiden. Zwiebel würfeln und gemeinsam mit den Karotten in Butter anschwitzen. Mit Gemüsefond und Apfelsaft aufgießen, würzen und weichkochen lassen.

Die Suppe dann mit dem Stabmixer pürieren und abschmecken. Das Joghurt mit den Eidottern verrühren und in die heiße, aber nicht mehr kochende Suppe einrühren (die Eier würden sonst ausflocken). Bis zum Anrichten warm stellen, jedoch nicht mehr kochen lassen.

Zubereitungszeit: **ca. 15 min**
Kochzeit: **ca. 20 min**

Spargelsuppe

1 l	Spargelfond, zubereitet wie auf Seite 96 beim Risotto beschrieben
350 ml	Schlagobers
3 TL	Maisstärke
1/16 l	Weißwein
250 g	Joghurt
	Salz, weißer Pfeffer
5	Stangen grüner Spargel

Spargelfond zum Kochen bringen, Schlagobers einrühren. In einer Schüssel Maisstärke und Weißwein mit dem Schneebesen verrühren und anschließend rasch zur Spargelsuppe rühren. Zerkochen lassen, eventuell noch etwas nachbinden.

Suppe mit Salz und Pfeffer abschmecken. Grünen Spargel im unteren Viertel schälen, schräg in Scheiben schneiden und in wenig Salzwasser bissfest kochen. Mit kaltem Wasser abschrecken und kurz vor dem Anrichten in die heiße Suppe geben.

Zubereitungszeit: **ca. 15 min**

Kalte Kohlrabischaumsuppe

3	Kohlrabi
1/2	Zwiebel
2	Orangen
50 g	Butter
750 ml	Gemüsefond
200 ml	Schlagobers
	Salz, Pfeffer
	Dill zum Garnieren

Kohlrabi schälen und in kleine Stücke schneiden. Das junge Kohlrabigrün fein hacken und die Zwiebel würfeln. Die Orangenschale abreiben, die Orangen dann auspressen.

Kohlrabi und Zwiebel in Butter anschwitzen, mit Gemüsefond, Schlagobers und Orangensaft aufgießen, würzen und weichkochen lassen.

Die Suppe mit dem Stabmixer pürieren, dann die Orangenschale dazugeben. Noch einmal abschmecken und im Kühlschrank vollständig auskühlen lassen. Zum Anrichten in kleine Gläser füllen und mit gehacktem Kohlrabigrün und Dill garnieren.

Zubereitungszeit: **ca. 15 min**
Kühlzeit: **mind. 4 Std.**, Kochzeit: **ca. 20 min**

Shakshouka

Eines unserer absoluten Lieblingsgerichte zum Frühstück, Brunch, aber auch zum Abendessen, als Mitternachtssnack oder zum Mittagessen. Diese arabische, unglaublich fruchtig-würzig duftende Paradeiser-Paprika-Sauce mit darin pochierten Eiern ist von unserem Speiseplan einfach nicht mehr wegzudenken. Probiertes aus! Ihr werdet es lieben!

3-4	bunte Paprika
4-5	Fleischparadeiser
1	Zwiebel
2	Knoblauchzehen
1 EL	Olivenöl
	Salz, Pfeffer
	Kreuzkümmel, Königskümmel Kardamom, Koriander, Zimt, Muskatnuss, gerieben
1 Msp.	Chili
4	Eier
1/2	Bund Petersilie
	Minze
	Pfeffer

Paprika in Streifen, Paradeiser in Viertel, Zwiebel klein würfelig und Knoblauch in Scheiben schneiden. Alles in Olivenöl anrösten, nach Geschmack und Vorliebe Gewürze dazugeben und langsam einkochen lassen.

Eier wie Spiegeleier über das Gemüse schlagen und zugedeckt stocken lassen. Kräuter grob hacken und vor dem Servieren mit Pfeffer über das Gericht streuen.

Zubereitungszeit: **ca. 10 min**
Kochzeit: **ca. 15 min**

☞ Die Paradeiser-Paprika-Sauce eignet sich hervorragend zum Einkochen. Wir legen uns jedes Jahr einen Wintervorrat in verschiedenen Portionsgrößen an. Die Gewürze lassen wir allerdings weg und geben sie dann nach Lust und Laune frisch dazu. Übrigens: Wir verwenden die Sauce auch auf der Pizza, wenn die Paradeisersauce aufgegessen ist.

Ciabatta

150 g	Mehl	
150 ml	lauwarmes Wasser	
3 EL	Olivenöl	
1/4	Würfel Frischgerm	
2 TL	Salz	
350 g	Mehl	
250 ml	lauwarmes Wasser	
3 EL	Olivenöl	
3 TL	Salz	

Aus den Vorteig-Zutaten mit dem Schneebesen einen sehr cremigen Teig rühren und diesen zugedeckt an einem warmen Ort mindestens zwölf Stunden rasten lassen.

Dann die restlichen Zutaten zum Vorteig geben und mit dem Ende eines Kochlöffels einschlagen. Diesen Ciabattateig dann wieder mindestens drei Stunden gehen lassen.

Für die Ausarbeitung benötigt man zwei Backbleche und viel Mehl.

Das Backblech mit reichlich Mehl bestreuen. Da der Teig sehr feucht ist, sollte man auch die Hände gut bemehlen. Nun den Teig der Länge nach auf die beiden Backbleche aufteilen und das Ciabatta mit den Händen in Form bringen. Dabei mit den Fingerspitzen mehrmals unter das Brot fahren.

Zum Abschluss mit etwas Mehl bestreuen und noch einmal gehen lassen.

Diese Zeit zum Vorheizen des Backrohrs nutzen. Ober- und Unterhitze 220 °C sollten reichen. Keine Heißluft verwenden, da dadurch das Mehl durchs Backrohr gewirbelt wird.

Wenn das Ciabatta knusprig braun gebacken ist, aus dem Rohr nehmen und zum Auskühlen vom Blech nehmen und umdrehen.

Zubereitungszeit: **ca. 10 min**
Rastzeit: **1 x 12 Std.; 1 x 3 Std.; 1 x 30 min**
Backzeit: **30-40 min**

Fenchel-Empanadas
mit Kernölaioli

150 g	Mehl
150 g	Topfen
75 g	Butter
1	Prise Salz
1	Fenchelknolle
1	kleine Zwiebel
1	kleine Karotte
2	kleine mehlige Erdäpfel
1 TL	Butter
1	Schuss Martini
	Salz, Pfeffer
1	Ei zum Bestreichen

Topfenblätterteig wie auf Seite 217 beschrieben herstellen.

Fenchel und Zwiebel fein nudelig schneiden, Karotte und Erdäpfel in kleine Würfel schneiden. Gemüse in Butter anbraten und mit Martini ablöschen. Zugedeckt weichdünsten und mit den Gewürzen abschmecken. Eventuell etwas Wasser oder Gemüsefond nachgießen, damit das Gemüse nicht anbrennt. Dann das Fenchelgemüse abkühlen lassen.

In der Zwischenzeit das Backrohr auf 180 °C Heißluft vorheizen und ein Backblech mit Backpapier auslegen.

Den Teig auf einer bemehlten Arbeitsfläche ausrollen und rund (circa fünf Zentimeter Durchmesser) ausstechen. Diese mit Ei bestreichen.

In die Mitte der Kreise jeweils einen Klecks Fenchelfülle setzen. Zu Halbmonden zusammenklappen und die Ränder gut verschließen, indem man sie mit einer Gabel zusammendrückt.

Empanadas auf das Backblech setzen, vor dem Backen mit Ei bestreichen und goldbraun backen.

Zubereitungszeit: **ca. 30 min**
Abkühlzeit: **ca. 30 min**
Kochzeit: **ca. 15 min**
Backzeit: **ca. 15 min**

Frisches Kernölaioli, zubereitet wie auf Seite 134/135 beschrieben.

Lauwarme Gurkenhappen
mit Zitronenhummus

80 g	Sojabohnen, sehr weich gekocht
80 g	Linsen, sehr weich gekocht
2 EL	Sauerrahm
2 EL	Olivenöl
1	kleines Stück gelbe Zucchini
	Schale von 1 Zitrone, abgerieben
	Saft von 1/2 Zitrone
	Salz, Pfeffer
1-2	Gurken

Sojabohnen und Linsen mit Sauerrahm, etwas Wasser oder Gemüsefond und Olivenöl in der Moulinette fein pürieren. Zucchini fein reiben, einrühren und abschmecken.

Die Gurken in drei Zentimeter dicke Scheiben schneiden, diese schälen und die Kerne mit einem kleinen Löffel vorsichtig entfernen. Die Gurkenbecher sollen nach unten hin geschlossen bleiben.

Gurkenbecher bei 70 °C Heißluft für wenige Minuten ins Backrohr stellen. Dann den Zitronenhummus in einen Spritzsack füllen und in die lauwarmen Gurkenbecher spritzen (das nennt man auch dressieren). Zuletzt mit Kräutern und Blüten garnieren.

Zubereitungszeit: **ca. 25 min**

☞ In die Gurkenbecker kann man natürlich auch viele andere Bohnenpasten füllen. Einfach ausprobieren! Fein schmeckt zum Beispiel auch Korianderhummus.

Polenta-Joghurt-Frischkäse-Spieße
mit Paradeisern und Kräutern

20–25 SPIESSE:

1	Becher Milch
1	Becher Wasser
	Salz
	Muskatnuss, gerieben
2 EL	Olivenöl
1	Becher Polenta
20–25	bunte Cocktail-paradeiser
20–25	Joghurt-Frischkäse-Bällchen, zubereitet wie auf Seite 150 unter „Joghurtfrischkäse" beschrieben
	frische Kräuter

Milch, Wasser, Gewürze und Olivenöl aufkochen, Polenta mit einem Schneebesen einrühren.

Ein Stück Alufolie mit Öl bestreichen, dann die Polenta auf die Folie leeren. Mit einer bewässerten Teigkarte zu einer etwa eineinhalb Zentimeter hohen rechteckigen Fläche formen und auskühlen lassen.

Mit einem runden Keksausstecher Kreise ausstechen oder die Polenta in Quadrate schneiden, die kleinen Kreise oder Quadrate dann in Olivenöl anbraten.

Cocktailparadeiser je nach Größe ganz lassen oder halbieren. Kräuter waschen, trockenschleudern und fein hacken, die Joghurt-Frischkäse-Bällchen in den Kräutern wälzen.

Auf jeden Polentataler ein Frischkäsebällchen und einen Paradeiser setzen und behutsam mit einem Fingerfoodspieß oder einem Zahnstocher fixieren.

Bis zum Anrichten im Kühlschrank aufbewahren.

Zubereitungszeit: **ca. 35 min**
Abkühlzeit: **ca. 35 min**

Gemüsesulz
und Basilikum-Joghurt-Mousse im Glas

7	Blatt Gelatine
7	Brokkoliröschen
7	Karfiolröschen
200 g	Karotten und Kohlrabi, fein nudelig geschnitten
1 EL	Petersilie, gehackt
300 ml	Gemüsefond
2 EL	Weißwein
1 EL	Apfelbalsamessig
	Salz

Gelatine in kaltes Wasser legen. Brokkoli, Karfiol und Gemüsenudeln in kochendem Salzwasser bissfest kochen, dann mit kaltem Wasser abschrecken. Petersilie fein hacken.

Die Gelatine gut ausdrücken und in Gemüsefond, Weißwein und Petersilie auflösen. Mit Essig und Salz abschmecken.

Gemüse in kleine Gläser füllen, mit Gemüseaspik auffüllen, im Kühlschrank gelieren lassen.

Basilikum-Joghurt-Mousse

3	Blatt Gelatine
1	Bund Basilikum
1/2	Becher Schlagobers
1/2	Becher Joghurt
	Salz, Pfeffer

Gelatine in kaltes Wasser legen, Basilikum grob hacken, Schlagobers mit dem Handmixer in einer kleinen Schüssel aufschlagen. Joghurt, Basilikum, Salz und Pfeffer mit dem Stabmixer pürieren. Gelatine in einem kleinen Topf auflösen, anschließend mit dem Schneebesen mit 2 Esslöffeln der Joghurtmasse verrühren, dann erst unter das restliche Joghurt rühren. Schlagobers vorsichtig unterheben.

Die Mousse als letzte Schicht auf die bereits leicht gelierte Sulz geben und im Kühlschrank gelieren lassen.

Zubereitungszeit: **ca. 45 min**
Kühlzeit: **mind. 4 Std.**

☞ Man kann sowohl Mousse als auch Sulz getrennt voneinander als Vorspeise servieren oder es statt in die Gläser anstelle der Gläser in eine Terrinenform füllen, darin stocken lassen und auf Tellern anrichten. Die Mengenangaben sollte man dafür allerdings verdoppeln.

Petersiliencracker
mit Schafskäse

20-25 STÜCK:

45 g	kalte Butter
60 g	Weizenmehl
60 g	Hartkäse, gerieben
1/4	Bund Petersilie, gehackt
	Salz
	Petersilienpesto, zubereitet wie auf Seite 22 beschrieben
20-25	mundgerechte Stückchen Schafskäse (fetaartig)
	Petersilienblättchen oder rosa Pfefferbeeren zum Garnieren

Kalte Butter in Stücke schneiden, mit dem Mehl und den übrigen Zutaten zu einem glatten Teig kneten. Zugedeckt im Kühlschrank rasten lassen. Ein Bachblech mit Backpapier auslegen und das Backrohr auf 180 °C Heißluft vorheizen.

Den Teig auf einer bemehlten Arbeitsfläche dünn ausrollen, Käsecracker ausstechen, auf das Backblech legen und für circa dreißig Minuten in den Kühlschrank stellen.

Anschließend im Backrohr goldbraun backen und vollständig auskühlen lassen.

Die abgekühlten Käsecracker dann jeweils mit einem Teelöffel Pesto und einem kleinen Stück Schafskäse belegen und mit einem Petersilienblättchen oder rosa Pfefferbeeren garnieren.

Zubereitungszeit: **ca. 20 min**
Rastzeit: **1 x 15 min & 1 x 30 min**
Backzeit: **ca. 8 min**
Auskühlzeit: **ca. 10 min**

Kalte Gurkensuppe
mit Minze, Haselnussöl und Mini-Zitronenweckerl

2	Gurken, davon 1 Handvoll Gurkenwürfel als Einlage
500 ml	Joghurt
250 g	Sauerrahm
1/8 l	Mineralwasser
	Saft von 1/2 Zitrone
	Schale von 1 Zitrone, abgerieben
1/2	Bund Minze
1/2	Bund Dill
	Salz, Pfeffer

Gurkenwürfel bis zum Anrichten zugedeckt in den Kühlschrank stellen. Gurken grob schälen und in mittelgroße Stücke schneiden. Joghurt, Sauerrahm und die übrigen Zutaten dazugeben und mit dem Stabmixer gut mixen. Abschmecken und vor dem Servieren im Kühlschrank gut durchziehen lassen.

Zubereitungszeit: **ca. 10 min**
Kühlzeit: **mind. 60 min**

Haselnussöl

80 g	Haselnüsse, gehackt
100 ml	Hanföl
	Salz

Haselnüsse in einer Pfanne trocken rösten, bis sie angenehm riechen. In einer Schüssel mit dem Hanföl übergießen und mit Salz abschmecken. In saubere Gläser füllen, kühl und dunkel aufbewahren.

Zubereitungszeit: **ca. 10 min**

☞ Je länger das Öl mit den Nüssen durchzieht, desto intensiver wird der Geschmack.

Mini-Zitronenweckerl

300 g	Mehl
150 ml	lauwarmes Wasser
1/2	Würfel Frischgerm
	Schale von 1 Zitrone, abgerieben
3 EL	Olivenöl
	Salz
	Olivenöl zum Bestreichen

Alle Zutaten zu einem Brotteig kneten und gehen lassen. Das Backrohr auf 180 °C Heißluft vorheizen und ein Backblech mit Backpapier auslegen.
Den Teig auf einer bemehlten Arbeitsfläche in circa 50 g schwere Kugeln teilen, daraus Weckerl formen und auf das Backblech setzen. Vor dem Backen noch einmal gehen lassen und unmittelbar vor dem Backen mit etwas Olivenöl bestreichen.

Zubereitungszeit: **ca. 25 min**
Rastzeit: **2 x 30 min**
Backzeit: **ca. 10 min**

Toskanische Paradeissuppe

1,5	**kg**	reife Fleischparadeiser
1		mittlere rote Zwiebel
2		Knoblauchzehen
3		Scheiben altbackenes Brot
750	**ml**	Gemüsefond
		Salz, Pfeffer
		Muskatnuss, gerieben
2	**EL**	Olivenöl
1/2		Bund Basilikum
1		Schuss Apfel- balsamessig

Paradeiser vierteln, Zwiebel in Ringe und den Knoblauch in Scheiben schneiden, das Brot in Stücke reißen. Alle Zutaten außer Basilikum und Essig in einen Topf geben und zum Kochen bringen. Suppe kochen, bis die Paradeiser zerkocht sind.

Anschließend mit einem Pürierstab mixen und mit Essig abschmecken. Gehacktes Basilikum einrühren. Danach nicht mehr allzu lange warm stellen, da das Basilikum sonst seinen Geschmack verliert.

Zubereitungszeit: **ca. 10 min**
Kochzeit: **ca. 25 min**

☞ Die Suppe kann man auch kalt servieren. Zudem kann man sowohl Schwarzbrot als auch Weißbrot verwenden - je nachdem, was man gerade zu Hause hat. Auch Semmelwürfel passen wunderbar.

Gazpacho

2		Paprika
2		Gurken
1		Stange Frühlings- zwiebel
1		Portion Toskanische Paradeissuppe
		Salz, Pfeffer
		frische Kräuter
1	**Msp.**	Chilipulver
1	**EL**	Leinöl

Das Gemüse in mundgerechte Würfel schneiden und gemeinsam mit der Paradeissuppe pürieren. Mit Salz und Pfeffer sowie den frischen Kräutern, Chilipulver und dem Leinöl abschmecken. Vor dem servieren kühl stellen.

Zubereitungszeit: **ca. 15 min**

Lauwarmes Dill-Schafskäse-Küchlein
mit minzigem Gurkentatar

1	Tasse Hirse
2	Tassen Gemüsefond
	Öl
150 g	Schafskäse (fetaartig)
1	Bund Dill
5	Eier
100 ml	Sauerrahm
	Salz, Pfeffer
1	Feldgurke
1/2	Bund Minze
	Saft von 1 Zitrone
	Schale von 1 Zitrone, abgerieben
	Olivenöl
	Salz, Pfeffer
	Muskatnuss, gerieben
	Kirschparadeiser

Hirse waschen, Gemüsefond würzen und aufkochen. Hirse einrühren und kochen lassen, bis sie gut sichtbar ist. Zudecken, Herdplatte ausschalten und Hirse ausdampfen lassen. In der Zwischenzeit die Mulden einer Muffinform mit etwas Öl auspinseln und das Backrohr auf 180 °C Heißluft vorheizen.

Schafskäse grob reiben, Dill hacken, dann 3 Eier und Sauerrahm verrühren und zum Schafskäse geben. Mit Salz und Pfeffer abschmecken. Ausgedampfte und abgekühlte Hirse mit 2 Eiern ebenfalls verrühren und jeweils 2 Esslöffel Hirsemasse in die Förmchen geben. Anschließend die Förmchen mit Schafskäsemasse bis zum Rand auffüllen, ins Backrohr stellen und backen. Danach lauwarm abkühlen lassen.

Die Gurke schälen, die Kerne entfernen und die Gurke fein hacken. Minze ebenfalls fein hacken und zum Gurkentatar mischen. Mit Zitronensaft, Zitronenschale, Olivenöl und den Gewürzen abschmecken und marinieren.

Kirschparadeiser an der Unterseite kreuzweise einritzen, dann kurz in kochendes Salzwasser geben und in kaltem Wasser abschrecken. Die Haut nach oben ziehen, sie sollte nicht ganz abgezogen werden. Sie wird im Rohr knusprig. Die Paradeiser dann auf ein Backblech setzen, mit Olivenöl beträufeln, salzen und im Backrohr kurz braten.

Zuletzt das Gurkentatar auf den Tellern verteilen, die Schafskäseküchlein daraufsetzen und mit den gebratenen Kirschparadeiser und Minze garnieren.

Zubereitungszeit: **ca. 25 min** (Hirse: **ca. 30 min**)
Backzeit: **30–40 min**; Kirschparadeiser: **ca. 5 min**

☞ Das Tatar bekommt eine besonders schöne, runde Form, wenn man die Gurken in einen großen runden Keksausstecher oder Anrichtering drücken. Diesen behutsam nach oben ziehen um die Form beizubehalten.

Mariniertes Sommergemüse
mit gebratenem Käse und frischen Kräutern

1	Melanzani
	Salz
1/2	grüne Zucchini
1/2	gelbe Zucchini
3-4	vollreife Paradeiser
1	oranger Paprika
1	gelber Paprika
1/2	Stange Lauch
3	Knoblauchzehen
150 g	Bratkäse (halloumiartig)
4 EL	Olivenöl
	Salz, Pfeffer
	frischer Thymian, Rosmarin, Salbei und Oregano (evtl. mit Blüten zum Marinieren)
2 EL	Apfelbalsamessig

Backrohr auf 180 °C Heißluft vorheizen.

Melanzani würfeln, in eine Schüssel geben, einsalzen und Wasser ziehen lassen. Zucchini, Paradeiser und Paprika in einen halben Zentimeter große Stücke schneiden. Lauch schräg in Scheiben, Knoblauch ebenfalls in Scheiben schneiden. Bratkäse würfeln und zur Seite stellen. Melanzani abwaschen, ausdrücken und trockentupfen. Das Gemüse dann in eine ofenfeste Form geben, mit zwei Esslöffeln Olivenöl übergießen, salzen und pfeffern. Frische Kräuter gezupft dazugeben und alles gut durchmischen. Die Form ins heiße Rohr stellen und das Gemüse unter gelegentlichem Umrühren braten. Nach 2/3 der Bratzeit Käsewürfel zugeben und fertigbraten.

Sommergemüse aus dem Rohr nehmen und lauwarm abkühlen lassen, anschließend mit zwei Esslöffeln Olivenöl und Apfelbalsamessig marinieren. Im Kühlschrank gut durchziehen lassen.

Vor dem Anrichten eventuell mit Kräuterblüten garnieren.

Zubereitungszeit: **ca. 30 min**
Bratzeit: **35-45 min**
Marinierzeit: **mind. 6 Std.**

☞ Das Sommergemüse am besten eine halbe Stunde vor dem Anrichten aus dem Kühlschrank nehmen. Wenn man es mit kalten Nudeln mischt, ergibt das einen genialen Nudelsalat.

Rote-Rüben-Taboulé
mit Schafskäse

300 g	Dinkelreis
	Salz
2–3	mittlere Rote Rüben, gekocht
150 g	milder Schafsschnittkäse
3	Stangen Frühlingszwiebel
1/2	Bund Dill
1	Bund Petersilie
1/2	Bund Minze
1/2	Bund Koriander
	Saft von 2 Zitronen
	Schale von 2 Zitronen, abgerieben
4 EL	Olivenöl
	Salz, Pfeffer
	Olivenöl zum Beträufeln

Dinkelreis in reichlich Salzwasser bissfest kochen. Abseihen und kalt abschrecken.

Rote Rüben und Schafskäse in kleine Würfel und Zwiebel in schräge Scheiben schneiden. Kräuter grob hacken. Alle Zutaten mit dem Dinkelreis vermischen, mit Salz und Pfeffer abschmecken und gut durchziehen lassen, damit sich alle Geschmäcker voll entfalten können.

Vor dem Servieren noch einmal mit Olivenöl beträufeln.

Zubereitungszeit: **ca. 15 min**
Kochzeit: **ca. 20 min**

Petersilien-Paradeiser-Taboulé

300 g	Dinkelreis
5	mittlere bunte Paradeiser
3	Stangen rote Frühlingszwiebel
2	Bund Petersilie
1/2	Bund Minze
	Saft von 2 Zitronen
	Schale von 2 Zitronen, abgerieben
4 EL	Olivenöl
	Salz, Pfeffer

Dinkelreis in reichlich Salzwasser bissfest kochen, abseihen und kalt abschrecken.

Paradeiser in kleine Würfel und Zwiebel in schräge Scheiben schneiden, Kräuter grob hacken. Alle Zutaten mit dem Dinkelreis vermischen, abschmecken und gut durchziehen lassen, damit sich der Geschmack voll entfalten kann.

Vor dem Servieren noch einmal mit Olivenöl beträufeln.

☞ Für eine orientalische Mezze-Tafel empfehlen wir Taboulé mit Baba Ganoush, frischen Mohnfladen, Käferbohnencreme und eingelegten Joghurt-Frischkäse-Bällchen.

Erdäpfel-Schafskäse-Fritter
mit süß-sauer marinierten Radieschen

750 g	mehlige Erdäpfel
3	Knoblauchzehen
200 g	Schafskäse
2	Eier
	Salz, Pfeffer
1/2 TL	Muskatnuss, gerieben
50 g	Butterschmalz

Erdäpfel mit Schale kochen und auskühlen lassen, dann schälen und grob reiben. Den Knoblauch durch die Presse drücken, den Schafskäse ebenfalls grob reiben. Alle Zutaten mit den Eiern und den Gewürzen vermischen.

In den Handflächen beliebig große Laibchen formen und diese in einer Pfanne mit Butterschmalz anbraten. Anschließend in einer ofenfesten Form ins vorgeheizte Backrohr (180 °C Heißluft) stellen und fertigbraten.

Zubereitungszeit: **ca. 20 min**
Bratzeit: **ca. 20 min**

☞ Wenn man die Erdäpfel bereits am Vortag kocht, ist das Gericht in Nullkommanichts fertig.

Süß-sauer marinierte Radieschen

2	Bund Radieschen
20 g	Butter
2 TL	Kristallzucker
1	Schuss Himbeeressig
100 ml	Gemüsefond
	Salz, Pfeffer

Radieschen vom Grün befreien, waschen und vierteln. Butter in einer Pfanne zerlassen, Kristallzucker dazugeben und schmelzen lassen. Radieschenviertel kurz durchschwenken, mit Essig ablöschen und mit Gemüsefond bissfest dünsten. Abschmecken und bis zum Servieren kühl stellen.

Zubereitungszeit: **ca. 10 min**
Kochzeit: **ca. 5 min**

☞ Die Radieschen passen zu diversen Salaten oder als Antipasti zu einer Abendjause.

Polenta-Gemüse-Strudel

150 g	Topfen
150 g	Mehl
100 g	Butter
1	Prise Salz
300 ml	Gemüsefond
60 g	weiche Butter
	Salz
	Muskatnuss, gerieben
	etwas Chilipulver
150 g	Polenta
100 g	Gemüse (Karotten, Sellerie, Pastinaken ...), fein gerieben
1	kleine Zwiebel
2	Knoblauchzehen
2 EL	Öl
	Salz, Pfeffer
7-8	Blätter Liebstöckl
2	Eier
3 EL	Käse, gerieben
1	Ei, versprudelt, zum Bestreichen

Aus Topfen, Mehl, Butter und Salz wie auf Seite 217 beschrieben einen Topfenblätterteig herstellen.

Gemüsefond mit Butter, Salz geriebener Muskatnuss und Chilipulver aufkochen, die Polenta mit dem Schneebesen einrühren. Unter ständigem Rühren aufquellen lassen, dann den Topf vom Herd ziehen und auskühlen lassen.

Geriebenes Gemüse, würfelig geschnittenen Zwiebel und Knoblauch in Öl anbraten und mit Salz, Pfeffer und gehacktem Liebstöckl würzen.

Die beiden Eier aufschlagen, mit einer Gabel verrühren und mit dem Käse unter den Topfen rühren. Anschließend das Gemüse untermischen. Polentamasse gegebenenfalls noch einmal abschmecken. Backrohr auf 180 °C Heißluft vorheizen und ein Backblech mit Backpapier auslegen.

Den Topfenblätterteig auf einer bemehlten Arbeitsfläche mit einem Nudelholz etwa zwei Millimeter dick ausrollen, rechteckig zuschneiden und mit versprudeltem Ei bestreichen.

Nun die Polentamasse auf dem unteren Drittel verteilen, dabei circa einen Zentimeter Abstand zum Rand halten. Die Ränder einschlagen und mit Ei bestreichen, dann den Strudel einrollen und aufs Backblech setzen. Noch einmal mit Ei bestreichen und mit einer Gabel mehrmals anstechen.

Wenn der Strudel knusprig gebacken ist, mit Liebstöckel-Salbei-Pesto (zubereitet wie auf Seite 22 beschrieben) und Frühlingssalat (zubereitet wie auf Seite 30 beschrieben) servieren.

Zubereitungszeit: **ca. 25 min**
Backzeit: **ca. 35-40 min**

Samosas
mit verschiedenen Füllungen

12 STÜCK MIT 12 CM
DURCHMESSER:

350 g	Weizenmehl
100 ml	Wasser
3 EL	Olivenöl
2 TL	Kurkuma
1	Prise Salz
500 g	fertige Fülle
250 ml	Sonnenblumenöl oder Butterschmalz zum Frittieren

Zutaten zu einem glatten, aber festen Teig kneten und diesen gleich weiterverarbeiten: auf einer bemehlten Arbeitsfläche mit dem Nudelholz circa ein bis zwei Millimeter dick ausrollen. Wer eine Nudelmaschine zu Hause hat, kann den Teig auch damit verarbeiten und kommt so rasch zu einem gleichmäßigen Ergebnis.

Anschließend Kreise ausstechen. In die Mitte jeweils einen schön gehäuften Esslöffel Fülle setzen, dann Halbmunde formen. Teigränder fest andrücken, damit die Samosas gut verschlossen sind, eventuell mit etwas Öl zusammenkleben, und die Samosas dann auf ein geöltes Backblech legen.

Samosas entweder im auf 200 °C Heißluft vorgeheiztem Backrohr backen (vor dem Backen mit Öl bepinseln) oder in heißem Sonnenblumenöl bzw. Butterschmalz knusprig frittieren.

Zubereitungszeit: **ca. 30 min**
Backzeit: **ca. 20 min** (Backrohr) oder **3–4 min** (frittiert)

Wurzelgemüsefüllung

500 g	Wurzelgemüse (Karotten, Knollensellerie, Pastinaken, Zwiebel, Petersilienwurzel …)
1/2	Bund Petersilie
1/2	Bund Basilikum
	Salz, Pfeffer
2 TL	Currypulver
1 Msp.	Chili
	Olivenöl

Das Gemüse grob reiben und mit gehackten Kräutern, den Gewürzen und dem Olivenöl abschmecken. Optional Schafskäse, Topfen oder Tofu zerbröseln und mit dem Gemüse vermengen.

Fleischfüllung

rohe Masse der orientalischen Fleischbällchen, zubereitet wie auf Seite 94 beschrieben

Krautfüllung

500 g	Rote-Rüben-Krautsalat ohne Essig

☞ Lasst eurer Fantasie freien Lauf. Wir sind uns sicher, ihr findet die für euch besten Samosas!

Gratinierte Spinatspätzle
mit Schafskäse

120 g	Sauerrahm
100 g	passierter Spinat
2	Eier
450 g	Weizenmehl
	Salz
1/2 TL	Muskatnuss, gerieben
500 g	frischer Spinat
2-3	Knoblauchzehen
2	Stangen Frühlingszwiebel
40 g	Schafskäse (Hartkäse und fetaartigen)
	Salz, Pfeffer

Sauerrahm mit Spinat und Eiern verrühren. Mit einem Kochlöffel Mehl, Salz und Muskatnuss einarbeiten und alles zu einem zähen Spätzleteig abschlagen. Salzwasser in einem großen Topf zum Kochen bringen und Spätzle mit einer Spätzlereibe oder -sieb einkochen. Gelegentlich umrühren, aufkochen lassen und abseihen. Mit lauwarmem Wasser abspülen.

Grillfunktion des Backrohrs einschalten. Spinat fein nudelig, Knoblauch und Zwiebel fein würfelig schneiden. Butter in einer großen Pfanne zerlassen, Gemüse beifügen und anschwitzen. Spätzle zum Gemüse geben und anbraten. Schafskäse über die Spätzle reiben bzw. bröseln, gut durchrühren und abschmecken. In eine ofenfeste Form leeren, unter die Grillspirale stellen und gratinieren.

Zubereitungszeit: **ca. 35 min**
Gratinierzeit: **2-3 min**

☞ Der Frühlingssalat von Seite 30 passt hier gut als Beilage.

Rote Spaghetti
mit ofengeschmortem Fenchelragout

300 g	Mehl
1	Ei
100 g	Paradeismark
3 EL	Öl
3-4	Karotten
1	kleine Zwiebel
2 EL	Olivenöl
8	Kirschparadeiser
1	Handvoll junge Erbsen
1	kräftiger Schuss Weißwein
	Salz, Pfeffer
	Lorbeerblätter, Thymian
	Fenchelgrün, gehackt
	Petersilie, gehackt
	Käse, gerieben

Nudelteig wie auf Seite 219 beschrieben herstellen und zugedeckt im Kühlschrank rasten lassen. In der Zwischenzeit das Fenchelragout zubereiten.

Fenchel, Karotten und Zwiebel klein würfeln und in Olivenöl anrösten. Paradeiser halbieren, kurz mitrösten, Erbsen dazumischen und mit Weißwein ablöschen. Gemüse in eine ofenfeste Form geben und mit etwas Wasser aufgießen. Gewürze, Lorbeer und Thymian zugeben und bei 180 °C Heißluft bissfest schmoren. Dann abschmecken und gehackte Kräuter zugeben.

Spaghetti entweder mit dem Nudelholz oder der Nudelmaschine herstellen und in reichlich Salzwasser bissfest kochen. Abseihen und mit lauwarmem Wasser abschwemmen.

Nudeln auf Tellern anrichten, mit Fenchelgemüse und geriebenem Käse servieren.

Zubereitungszeit: **ca. 30 min**
Kochzeit: **ca. 5 min & 20 min**

Rindsragout
mit Karotten und Fisolen

750 g	Gulaschfleisch
1	Zwiebel
2	Knoblauchzehen
3-4	Karotten
2 EL	Sonnenblumenöl
1 TL	Paradeismark
150 ml	Rotwein
1-1,5 l	brauner Rinderfond
	Salz, Pfeffer
2	Lorbeerblätter
	Thymian, Rosmarin
300 g	dicke Fisolen
2 EL	Maisstärke
70 ml	Rotwein

Fleisch abwaschen und trockentupfen, Fett, eventuelle Sehnen und Häute mit einem scharfen Messer entfernen (das nennt man zuputzen) und anschließend in eineinhalb bis zwei Zentimeter große Stücke schneiden. Zwiebel und Knoblauch fein schneiden, geschälte Karotten in einen halben Zentimeter dicke Scheiben schneiden. Fleisch in Öl rundherum anbraten, Zwiebel und Knoblauch kurz mitbraten. Paradeismark hinzufügen, durchrösten und mit Rotwein ablöschen. Ragout mit Fleischfond aufgießen, Gewürze hinzugeben und zugedeckt weichdünsten.

Die Fisolen putzen und in reichlich Salzwasser bissfest garen. Mit einem Siebschöpfer herausnehmen, mit viel kaltem Wasser abschrecken, damit sie ihre grüne Farbe behalten, und zur Seite stellen.

Maisstärke und Rotwein mit einem Schneebesen verrühren und in das kochende Ragout geben, dann bis zur gewünschten Konsistenz einkochen. Das Rindsragout gut abschmecken, die gekochten Fisolen zugeben und heiß werden lassen. Anschließend auf Tellern anrichten und mit einer passenden Beilage servieren.

Zubereitungszeit: **ca. 45 min**
Kochzeit: **ca. 1,5 Std.**

☞ Als Beilage passen dazu Erdäpfelgnocchi, breite Bandnudeln, gebratene Polentanockerl oder Kräuterspätzle.

Gefüllte Paprika

50 g	Dinkelreis
50 g	Risottoreis
200 ml	Wasser
1	Lorbeerblatt
	Salz
1	Zwiebel
2	Knoblauchzehen
20 g	Butter
300 g	Rinderfaschiertes
	Salz, Pfeffer
1/2 TL	Kümmel, gemahlen
4	Paprika
2	Eier

Dinkel- und Risottoreis mit Wasser, Lorbeerblatt und Salz zum Kochen bringen. Nach zehn Minuten die Herdplatte ausschalten, einen Deckel auf den Topf geben und fertigdünsten lassen.

Zwiebel und Knoblauch fein würfelig schneiden und mit Butter in einer Pfanne anrösten, dann Rindfleisch zugeben und durchrösten. Mit Salz, Pfeffer und Kümmel abschmecken und überkühlen lassen.

Backrohr auf 180 °C Heißluft vorheizen.

Die Paprika zwei Zentimeter unter dem Deckel abschneiden und das Kerngehäuse entfernen. Das gebratene Rindfleisch mit den Eiern binden und in die Paprika füllen. Anschließend die Deckel wieder aufsetzen, eventuell mit Zahnstochern fixieren. Paradeisersauce in eine ofenfeste Form leeren, Paprika in die Form stellen und im Backrohr garen.

Zubereitungszeit: **ca. 40 min**
Backzeit: **ca. 30 min**

☞ Man kann die Paprika auch der Länge nach aufschneiden, füllen und im Backrohr mit Käse gratinieren.

Gefüllte Zucchini
mit Rosinen

50 g	Dinkelreis
50 g	Risottoreis
200 ml	Wasser
1	Lorbeerblatt
	Salz
4	Zucchini
2	Stangen Frühlings-zwiebel
2	Knoblauchzehen
1	kräftiger Thymianzweig
1	Bund Petersilie
1	Bund Minze
	Olivenöl
2 EL	Rosinen
	Salz, Pfeffer
70 g	Käse, gerieben

Dinkel- und Risottoreis mit Wasser, Lorbeerblatt und Salz zum Kochen bringen. Nach zehn Minuten die Herdplatte ausschalten, Deckel auf den Topf setzen, fertigdünsten lassen. Die Enden der Zucchini abschneiden und jede Zucchini in drei gleich große Stücke schneiden, diese dann vorsichtig von einer Seite mit einem Löffel aushöhlen. Unbedingt darauf achten, dass eine Seite des Zucchinistücks verschlossen bleibt, damit es aufrecht stehen bleibt und die Fülle nicht herausrutscht. Zucchinistücke in reichlich Salzwasser blanchieren, mit einem Lochschöpfer herausnehmen und in eine Schüssel mit kaltem Wasser legen. Zwiebel schräg in Scheiben, Knoblauch fein und Kräuter grob schneiden. Das Fruchtfleisch, die Zwiebel und den Knoblauch mit Olivenöl in einer Pfanne anbraten. Rosinen, Kräuter und Gewürze untermischen. Reis mit Zucchinifruchtfleisch mischen und in die Zucchini füllen. Zuletzt in eine ofenfeste Form setzen und im Backrohr mit Käse überbacken.

Zubereitungszeit: **ca. 40 min**
Backzeit: **ca. 25 min**

Fruchtige Paradeisersauce

50 g	Dinkelreis
1,5 kg	Paradeiser
1	kleine Zwiebel
2 EL	Olivenöl
1	Schuss Weißwein
1	Handvoll Rosinen
	Lorbeerblatt
	Wacholderbeeren
	Salz, Pfeffer

Paradeiser in mittelgroße Stücke schneiden. Zwiebel fein hacken und in Olivenöl anschwitzen, dann mit Weißwein ablöschen. Paradeiserstücke, Rosinen und die restlichen Gewürze dazugeben und auf kleiner Flamme langsam und gut zerkochen lassen. Die Sauce vor dem Anrichten gründlich würzen und abschmecken.

Zubereitungszeit: **ca. 15 min**
Kochzeit: **60-90 min**

☞ Die Sauce kann auch püriert werden, dafür allerdings Lorbeerblatt und Wacholder entfernen. Zum Abschmecken eignen sich Paradeisessig oder ein Schuss Gin sehr gut.

Ratatouille
mit gratinierten Erdäpfeln

150 g	bunte Paprika
1	mittlere Zucchini
1	kleine Melanzani
4–5	Paradeiser
2	Knoblauchzehen
2	Zwiebeln
2 EL	Olivenöl
100 ml	Gemüsefond
1	Zweig Rosmarin
1	Zweig Thymian
1/2	Bund Petersilie, gehackt

Paprika, Zucchini, Melanzani, Paradeiser, Knoblauch und Zwiebel klein würfelig schneiden und in Olivenöl anrösten. Mit Gemüsefond aufgießen und mit Rosmarin und Thymian auf kleiner Flamme langsam bissfest dünsten. Abschmecken und gehackte Petersilie darüberstreuen.

Zubereitungszeit: **ca. 20 min**
Kochzeit: **ca. 20 min**

☞ Das Ratatouille schmeckt mit etwas Öl und Essig mariniert auch kalt sehr fein. Dazu essen wir ganz gern geröstete Ciabattascheiben. Das Rezept findet ihr auf Seite 36.

Gratinierte Erdäpfel

1 EL	Olivenöl
2 EL	Semmelbrösel
500 g	mehlige Erdäpfel
500 g	speckige Erdäpfel
300 ml	Milch
250 ml	Schlagobers
	Salz, Pfeffer
	Muskatnuss, gerieben
2–3	Knoblauchzehen, fein gehackt
100 g	Hartkäse, gerieben

Backrohr auf 200 °C Ober- und Unterhitze vorheizen. Eine ofenfeste Form mit Olivenöl ausstreichen und mit Semmelbröseln bestreuen. Erdäpfel schälen und in dünne Scheiben schneiden. Milch und Schlagobers kräftig würzen und aufkochen lassen. Erdäpfelscheiben dazugeben und bis zur gewünschten Cremigkeit einkochen. Fein gehackten Knoblauch und die Hälfte des Käses hinzugeben und abschmecken. Erdäpfelmasse in die Form leeren, mit dem restlichen Käse bestreuen und im Backrohr gratinieren.

Zubereitungszeit: **ca. 20 min**
Backzeit: **ca. 45 min**

Rote-Rüben-Tarte
mit gebratenem Zitronenfenchel

EIN BACKBLECH:

200 g	Mehl
200 g	Topfen
100 g	Butter
	Salz
500 g	gekochte Rote Rüben
1 TL	Kümmel
120 g	Sauerrahm
2	Eier
100 g	Dinkelgrieß
	Salz, Pfeffer
	frischer Salbei, gehackt
1	Schuss Essig

Aus Mehl, Topfen, Butter und Salz wie auf Seite 217 beschrieben einen Topfenblätterteig herstellen und im Kühlschrank rasten lassen.

Rote Rüben und Kümmel mit dem Pürierstab fein mixen. Sauerrahm, Eier und Dinkelgrieß einrühren. Dann mit Salz, Pfeffer, gehacktem Salbei und Essig abschmecken.

Das Backrohr auf 190 °C Heißluft vorheizen und ein tiefes Backblech mit Backpapier auslegen.

Topfenblätterteig auf die Größe eines Backblechs ausrollen, auf das Backpapier legen und die Ränder hochziehen. Rote-Rüben-Masse auf dem Teig verteilen und backen. Nach zwanzig Minuten die Hitze auf 170 °C Heißluft reduzieren.

Zubereitungszeit: **ca. 25 min**
Backzeit: **40-50 min**

Gebratener Zitronenfenchel

4	Fenchelknollen mit Grün
150 g	Kirschparadeiser
2	Knoblauchzehen
2 EL	Olivenöl
	Salz, Pfeffer
	Saft von 1 Zitrone
	Schale von 1 Zitrone, abgerieben

Fenchel waschen, das Grün entfernen, hacken und zur Seite stellen. Fenchel halbieren, Strunk entfernen und der Länge nach in vier bis sechs Stücke schneiden. Paradeiser halbieren, Knoblauchzehen in feine Scheiben schneiden.

Olivenöl in einer Pfanne erhitzen, Fenchel rundherum gleichmäßig anbraten, Paradeiser und Knoblauch mitbraten. Gemüse im austretenden Saft bissfest garen, mit Salz, Pfeffer und Zitrone abschmecken. Vor dem Servieren mit gehacktem Fenchelgrün bestreuen.

Zubereitungszeit: **ca. 15 min**
Bratzeit: **ca. 15 min**

☞ Zitronenfenchel essen wir auch gerne zu ofengebratenem Fisch mit Erdäpfelpüree!

Zucchinipuffer

150 g	Topfen
4	Zucchini
1	Stange Frühlings-zwiebel
1 TL	Koriander, gemahlen
2 TL	Schwarzkümmel
1 TL	Kreuzkümmel, gemahlen
	Salz, Pfeffer
1/2	Bund Dill
	Thymian, abgerebelt
2	Eier
4–6 EL	Mehl
2 EL	Öl

Backrohr auf 180 °C vorheizen und ein Backblech mit Backpapier auslegen. Zucchini mit einer groben Reibe raspeln und fest ausdrücken, Frühlingszwiebel der Länge nach halbieren und fein schneiden. Alle Gewürze und gehackte Kräuter mit den Zucchini mischen, dann Eier und Mehl dazugeben. Rasten lassen.

Öl in einer Pfanne erhitzen und mit einem Esslöffel beliebig große Häufchen der Masse in die Pfanne setzen. Mit Hilfe des Löffels andrücken, rund ausformen und auf beiden Seiten anbraten. Mit einem Pfannenwender auf das Backblech setzen und im Rohr fertigbraten.

Zubereitungszeit: **ca. 15 min**
Rastzeit: **ca. 15 min**
Bratzeit: **ca. 25 min**

Gelber Karfiolsalat
mit frischer Joghurtsauce und Kräutern

1	Karfiol
1 TL	Salz
2 TL	Kurkuma
250 ml	Naturjoghurt
1 EL	Sesampaste
	Saft von 1 Zitrone
1 TL	Paprikapulver
2 EL	Olivenöl
1/2	Bund Petersilie
1/2	Bund Koriander
1/2	Bund Dill
1/2	Bund Minze
3 EL	Sonnenblumenkerne

Karfiol in Röschen teilen und in einem großen Topf mit kochendem Salzwasser und Kurkuma bissfest kochen. Mit einem Schöpflöffel herausnehmen und sofort kalt abschrecken.

Joghurt, Sesampaste und die übrigen Zutaten, außer Sonnenblumenkerne und Kräuter, verrühren und abschmecken. Kräuter hacken und Sonnenblumenkerne trocken anrösten.

Karfiol anrichten und mit dem Joghurt überziehen. Zum Schluss Kräuter und Sonnenblumenkerne drüberstreuen.

Zubereitungszeit: **ca. 15 min**
Kochzeit: **3–4 min**

Melanzanicreme –
Baba Ganoush

2		mittlere Melanzani
		Saft von 1 Zitrone
2		Knoblauchzehen
		Salz, Pfeffer
3	EL	Olivenöl
1	TL	Paprikapulver
1/2		Bund Petersilie

Backrohr auf höchste Stufe Heißluft vorheizen. Die Melanzani mit einem spitzen Messer mehrmals einstechen und im Backrohr backen, bis die Haut fast schwarz ist. Dann die Melanzani der Länge nach aufschneiden und das Fruchtfleisch mit einem Löffel herauskratzen. In einen hohen Becher geben und mit den übrigen Zutaten, außer Paprikapulver und Petersilie, pürieren. Abschmecken, umfüllen und kalt stellen.
In einer Schüssel anrichten, Paprikapulver und grob gehackte Petersilie darüberstreuen.

Zubereitungszeit: **ca. 10 min**
Backzeit: **30-45 min**

☞ Perfekt zu Gegrilltem, gemeinsam mit gebratenen Paprikastücken auf knusprigem Ciabatta oder auf der Mezzetafel!

Sauce Bolognese

1	Zwiebel
2	Knoblauchzehen
2	Karotten
1/4	Sellerieknolle
3	Fleischparadeiser
2	EL Olivenöl
300 g	Rinderfaschiertes
1	kräftiger Schuss Rotwein
1	Portion Paradeisersauce, zubereitet wie auf Seite 71 beschrieben
2	Lorbeerblätter
	Salz, Pfeffer
1/2	Bund frischer Basilikum, gehackt
2-3	Zweige Majoran, gehackt
1/2	Bund Petersilie, gehackt
	Hartkäse (Bergkäse oder Parmesan)

Zwiebel fein hacken, Knoblauch in feine Scheiben schneiden, Karotten und Sellerie schälen und fein raspeln, Paradeiser in Würfel schneiden. Das Gemüse in Olivenöl anrösten, anschließend Rindfleisch ebenfalls anrösten und mit Rotwein ablöschen. Paradeisersauce, Lorbeerblätter, Salz und Pfeffer dazugeben. Sauce auf mittlerer Hitze langsam köcheln lassen.

Zuletzt abschmecken und gehackte Kräuter einrühren. Mit Nudeln anrichten, viel Käse darüberreiben.

Zubereitungszeit: **ca. 20 min**
Kochzeit: **60-90 min**

☞ Die Sauce schmeckt aufgewärmt am besten! Man kann sie auch sehr gut einkochen!

Vegetarisches Moussaka

1	große Melanzani
	Salz
300 g	speckige Erdäpfel
300 g	mehlige Erdäpfel
4	Paradeiser
1	Portion Paradeiser-sauce, zubereitet wie auf Seite 71 be-schrieben
1	Prise Zimt
1 TL	Kreuzkümmel
	Olivenöl
	Salz, Pfeffer
50 g	Butter
2 EL	Mehl (gehäuft)
500 ml	Milch
70 g	Hartkäse, gerieben
	Salz
	Muskatnuss, gerieben
40 g	Käse, gerieben, zum Überbacken

Die Melanzani in Scheiben schneiden, einsalzen und Wasser ziehen lassen. Erdäpfel waschen, schälen und in Salzwasser bissfest kochen, dann abschrecken und in Scheiben schneiden. Paradeiser ebenfalls in Scheiben schneiden. Die Paradeisersauce erhitzen und mit Zimt und Kreuzkümmel abschmecken. Melanzanischeiben abwaschen, ausdrücken und trockentupfen, danach in Öl scharf anbraten und würzen.

Backrohr auf 180 °C Heißluft vorheizen und eine ofenfeste Form mit Oliverböl bestreichen.

Die Butter in einer Pfanne schmelzen, Mehl einrühren und anschwitzen lassen. Mit einem Schneebesen die Milch einrühren – das ist wichtig, damit sich keine Klümpchen bilden. Die Sauce unter ständigem Rühren einkochen lassen und mit Käse, Salz und Muskatnuss abschmecken.

Mit den Melanzanischeiben beginnend abwechselnd Melanzani, Erdäpfelscheiben und Paradeiser in die Auflaufform schichten. Zwischen der Gemüseschichten Paradeisersauce und Käsesauce verstreichen. Mit Melanzani- und Paradeiserscheiben abschließen und zuletzt den Käse zum Überbacken drüberstreuen.

Zubereitungszeit: **ca. 40 min**
Backzeit: **ca. 45 min**

Fleischvariante: 300 g Rinder- oder Lammfaschiertes mit einer fein gehackten Zwiebel und einer zerdrückten Knoblauchzehe anbraten. Mit Paradeisersauce aufgießen und einkochen.
Ansonsten funktioniert die Zubereitung wie oben beschrieben.

Karfiol-Erdäpfel-Crumble
mit Zitronenthymian

600 g	speckige Erdäpfel
	Salz
1	Karfiol
1	rote Zwiebel
2 EL	Sonnenblumenöl
1/2 TL	Kümmel
	Salz, Pfeffer
2	Zweige Zitronen-thymian
100 g	Butter
40 g	Dinkelflocken
40 g	Semmelbrösel
40 g	Dinkelmehl

Erdäpfel waschen und in Salzwasser kochen, den Karfiol in Röschen teilen, waschen und ebenfalls in Salzwasser bissfest kochen, dann mit einem Siebschöpfer herausnehmen und in kaltes Wasser legen. Erdäpfel schälen und in mundgerechte Stücke schneiden, Zwiebel in feine Ringe schneiden.

Backrohr auf 180 °C Heißluft vorheizen und eine ofenfeste Form ausfetten. Erdäpfelstücke mit Zwiebel in Öl knusprig braten, erst dann den Karfiol dazugeben und mit Kümmel, Salz und Pfeffer würzen.

Gemüse in der Form verteilen, Zitronenthymian abrebeln. Butter schmelzen, Flocken, Brösel, Mehl und Thymian einrühren und mit Salz abschmecken.

Flockenmischung auf dem Gemüse verteilen und im Backrohr knusprig braten.

Zubereitungszeit: **ca. 20 min** & **20 min** Kochzeit für die Erdäpfel
Bratzeit: **ca. 15 min**

☞ Wir essen gerne Salat und Sauerrahm dazu. Erdäpfelcrumble ist ideal, um übriggebliebene Erdäpfel zu verbrauchen. Funktioniert übrigens auch mit Brokkoli oder Romanesco!

Überbackene Spinatcannelloni
mit Zitronenbéchamel

200 g	Mehl
2	Eier
2 EL	Olivenöl
2 EL	Wasser
1 kg	Spinat
	2 kleine Zwiebeln
2 EL	Olivenöl
	Salz, Pfeffer
	Muskatnuss, gerieben
100 g	Schafskäse (fetaartig)
50 g	Butter
2 EL	Mehl (gehäuft)
500 ml	Milch
	Zitronenzesten
	Saft von 1 Zitrone
	Salz
	Muskatnuss, gerieben

Nudelteig wie auf Seite 219 beschrieben herstellen und zugedeckt im Kühlschrank rasten lassen.

Währenddessen Spinat waschen, abtropfen und nudelig schneiden und die Zwiebel fein hacken.

Zwiebel und Spinat in Öl anschwitzen, zudecken und zusammenfallen lassen. Danach ohne Deckel fertigdünsten und abschmecken. Überschüssiges Wasser wegschütten.

Schafskäse zerbröseln und zur Seite stellen.

Butter in einer Pfanne schmelzen, Mehl einrühren und anschwitzen lassen. Mit einem Schneebesen die Milch einrühren – das ist wichtig, damit sich keine Klümpchen bilden. Die Sauce unter ständigem Rühren einkochen lassen und mit den restlichen Zutaten abschmecken.

Nudelblätter mit der Nudelmaschine dünn ausrollen und in gewünschte Rechtecke schneiden. Vorbereitete Nudelblätter mit Spinat, etwas Schafskäse und einem Klecks Béchamel füllen und in eine ausgefettete Form schichten.

Übrige Zitronensauce über die Cannelloni verteilen und mit dem restlichen Käse bestreuen.

Im vorgeheizten Rohr bei 180 °C Heißluft knusprig backen.

Zubereitungszeit: **ca. 40 min**
Backzeit: **ca. 25 min**

Kohlrabi im Mohnbackteig
mit Karottenpüree

100 ml	Milch
100 ml	Weißwein
2	Eier, getrennt
1 EL	Öl
	Salz
125 g	Mehl
2 EL	Mohn, gemahlen
12	Scheiben Kohlrabi
	etwas Mehl
	Salz, Pfeffer
	Öl zum Backen

Milch, Wein, Eidotter, Öl und Salz versprudeln, Mehl und Mohn mit dem Schneebesen einrühren. Eiweiß mit einer Prise Salz zu steifem Schnee schlagen und diesen vorsichtig unterheben.

Kohlrabi in einen Zentimeter dicke Scheiben schneiden, würzen und kurz stehen lassen, dann die Kohlrabischeiben in Mehl wenden.

Das Öl in einer Pfanne heiß werden lassen. Mehlierte Gemüsescheiben in den Backteig tauchen und im Fett von beiden Seiten goldbraun backen. Auf einer Küchenrolle abtropfen lassen und im Backrohr bei 70 °C Ober- und Unterhitze warm stellen.

Zubereitungszeit: **ca. 20 min**
Backzeit: **3–4 min pro Scheibe**

☞ Anstelle des Kohlrabi kann man auch grüne, weiße und gelbe Zucchini, Knollensellerie, Pilze oder Kürbis verwenden.

Karottenpüree

200 g	Mehl
1,5 kg	Karotten
	Salz
200 ml	Milch
100 g	Butter
	Muskat, gerieben
	Salz, Pfeffer

Karotten schälen, in Scheiben schneiden und mit etwas Öl anbraten, dann mit kaltem Wasser oder Gemüsefond bedecken, salzen und weichdünsten.

Das überschüssige Wasser abgießen und das Gemüse mit dem Pürierstab pürieren. Anschließend die übrigen Zutaten mit dem Handmixer luftig einschlagen.

Bis zum Essen warm stellen.

Zubereitungszeit: **ca. 15 min**
Kochzeit: **ca. 15 min**

☞ Wir verwenden das Karottenpüree auch als Fülle für Cannelloni, gemeinsam mit gekochtem Spargel oder sautiertem Mangold bzw. Spinat. Überbacken werden sie dann mit einer Walnuss- oder einer Käsebéchamel.

Selbstgemachte Pizza

Pizza ist einfach traumhaft – und wenn man selbst bestimmen kann, wie sie belegt ist, hat man die Zügel in der Hand. Der Teig ist schnell gemacht und kann sofort verwendet werden. Er wird allerdings umso besser, je länger man ihn gehen lässt.

Beim Pizzabelag sind der Fantasie wirklich keine Grenzen gesetzt – je nach Jahreszeit passt einfach alles! Einer unserer Pizza-Favoriten belegt mit wunderbarer Salami vom Hochlandrind, grünem Spargel und Schafskäse. Probiert einfach alles Mögliche aus, und ihr werdet sehen, dass es nicht immer Pizza mit Meeresfrüchten sein muss.

2 BACKBLECHE:

400	**g**	Weizenmehl
1/2		Würfel Frischgerm
200-250	**ml**	lauwarmes Wasser
3	**EL**	Olivenöl
3	**TL**	Salz

Aus den Zutaten wie auf Seite 209 (Brotteig mit frischem Germ) beschrieben einen Pizzateig herstellen und diesen zugedeckt an einem warmen Ort aufgehen lassen.

Backrohr auf 250 °C Ober- und Unterhitze vorheizen, ein Backblech im Rohr heiß werden lassen. Teig zusammenkneten und auf einer bemehlten Arbeitsfläche ausrollen. Backblech aus dem Rohr nehmen, mit Olivenöl bestreichen und den Pizzateig auf das noch heiße Blech legen. Anschließend mit allen nur verfügbaren Köstlichkeiten belegen und im Rohr fertigbacken.

Zubereitungszeit: **ca. 10 min**
Rastzeit: **0-24 Std.**
Backzeit: **ca. 10 min**

1-2		Knoblauchzehen
1/2		Bund frische Kräuter (Basilikum und Oregano)
1		Portion Paradeisersauce, zubereitet wie auf Seite 71 beschrieben
2	**EL**	Olivenöl
1	Msp.	Chili
		Salz, Pfeffer

Knoblauchzehen und Kräuter fein hacken und mit der Paradeisersauce und den übrigen Zutaten verrühren.

☞ Den Pizzateig am Vortag zubereiten, mit Frischhaltefolie abdecken und im Kühlschrank gehen lassen. Der Teig entwickelt eine feinporige Struktur und einen unaufdringlichen Geschmack – ideal, damit der Belag die geschmackliche Aufmerksamkeit bekommt, die er verdient.

Grüne Bandnudeln
mit fruchtigem Kirschparadeiserragout

400 g	Mehl
100 g	passierter Spinat
3 EL	Öl
2 TL	Salz
2	Zwiebeln
2–3	Knoblauchzehen
	Olivenöl
1 EL	Paradeismark
1	kräftiger Schuss Rotwein
1,5 kg	bunte Kirschparadeiser
	Lorbeerblätter, Thymian
	getrocknete Chilischote
	Salz, Pfeffer
2 EL	Olivenöl
	Salz
	Petersilie oder andere frische Kräuter
	Käse, gerieben

Nudelteig wie auf Seite 219 beschrieben herstellen und zugedeckt im Kühlschrank rasten lassen.

Zwiebel und Knoblauch schälen, schneiden und in Olivenöl anrösten. Paradeismark kurz mitrösten und mit Rotwein ablöschen. Je nach Größe halbierte oder ganze Paradeiser dazugeben, Lorbeer, Thymian und eine (oder eine halbe) Chilischote einlegen, zugedeckt auf kleiner Flamme köcheln lassen und gelegentlich umrühren, damit nichts anbrennt.

Bandnudeln mit dem Nudelholz oder der Nudelmaschine herstellen und in reichlich Salzwasser bissfest kochen, dann abseihen und mit lauwarmen Wasser abspülen. Mit Olivenöl und Salz abschmecken.

Nudeln auf Teller anrichten, mit Paradeiserragout, frischen Kräutern und geriebenem Käse servieren.

Zubereitungszeit: **ca. 30 min**
Kochzeit: **ca. 5 min** & **ca. 35 min**

Erdäpfelbuchteln
mit Schafskäse-Kräuter-Fülle und Brokkoli

250 g	mehlige Erdäpfel, gekocht
250 g	Mehl
3 EL	Olivenöl
100 ml	Milch
1	Ei
1/2	Würfel Frischgerm
	Salz
150 g	Schafsfrischkäse
	frische Kräuter, gehackt
	Salz, Pfeffer
	Chilipulver nach Geschmack
1/2	Brokkoli, in kleine Stücke zerteilt und bissfest gekocht

Die gekochten Erdäpfel durch eine Erdäpfelpresse drücken und mit den übrigen Zutaten zu einem glatten Teig (wie einen Brotteig) verarbeiten und diesen an einem warmen Ort zugedeckt gehen lassen.

Schafskäse mit einer Gabel zerdrücken, mit den gehackten Kräutern verrühren und abschmecken.

Nach dem Gehen den Erdäpfelgermteig gut durchkneten und zu einer Stange formen. Für jede Buchtel ein kleines Stück Teig abschneiden und es mit einem Teelöffel Kräuterkäse und einem Stück Brokkoli füllen. Zusammenfalten, gut verschließen und mit dem gefaltetem Ende nach unten in eine gefettete ofenfeste Form setzen, die Buchtel mit Olivenöl bestreichen und die nächste anreihen – so lange, bis der ganze Teig aufgebraucht ist.

Vor dem Backen noch einmal zugedeckt gehen lassen.

Buchteln an der Oberfläche mit Olivenöl einstreichen und bei 180 °C Heißluft goldgelb backen.

Zubereitungszeit: **ca. 15 min**
Rastzeit: **2 x ca. 30 min**
Backzeit: **ca. 30 min**

☞ Erdäpfelbuchteln sind ein sehr dankbares und vielseitiges Essen. Sie sättigen und sind saisonal variierbar. Wir füllen sie auch gerne mit Fenchel oder Kürbis, im Sommer nehmen wir Paradeiser, Zucchini und gebratene Melanzani. Verschiedene warme oder kalte Saucen passen genauso dazu wie Blatt- und Rohkostsalate. Und je nachdem, wie groß man sie macht, taugen sie als Vor- oder Hauptspeise.

Orientalische Fleischbällchen

10-15 STÜCK:

1	kleiner Apfel
1	kleine Zwiebel
1	Knoblauchzehe
1/2	Bund Minze
500 g	Rinderfaschiertes
2	Eier
2 EL	Rosinen
	Schale von 1 Zitrone, abgerieben
	Salz, Pfeffer
1 Msp.	Zimt
	Kreuzkümmel, Kardamom
1 Msp.	Chili
3-4 EL	Olivenöl

Backrohr auf 180 °C Heißluft vorheizen. Apfel nicht schälen und fein reiben, Zwiebel würfelig und Knoblauch in feine Scheiben schneiden, Minze grob hacken. Faschiertes rasch mit allen Zutaten vermischen und in den Handflächen keine Bällchen aus der Masse formen.

In einer Pfanne Öl erhitzen, Fleischbällchen rundherum anbraten dann in eine ofenfeste Form setzen und im Backrohr fertigbraten.

Zubereitungszeit: **ca. 20 min**
Bratzeit: **ca. 15 min**

☞ Die Fleischbällchen sind auch mit einem Kern aus Schafskäse eine Offenbarung!

Chermoula-Zucchini

1	gelbe Zucchini
1	grüne Zucchini
2	Stangen Frühlingszwiebel
2	Knoblauchzehen
1/2	Bund Petersilie
1/2	Bund Minze
1/2	Bund Dill
1 TL	Paprikapulver
2 TL	Ras el-Hanout
	Saft von 1 Zitrone
	Schale von 1 Zitrone, abgerieben
	Salz, Pfeffer
	Kreuzkümmel
4 EL	Olivenöl

Zucchini in fünf bis sieben Zentimeter lange Stücke und diese der Länge nach in zwei bis drei Millimeter dicke Scheiben schneiden. Zwiebel und Knoblauch ebenfalls in Scheiben schneiden, Kräuter grob hacken und mit den übrigen Zutaten im Mörser oder der Moulinette zu einem Brei vermischen.

Zucchini mit Chermoula einreiben und in einer ofenfesten Form marinieren. Anschließend im auf 180 °C Heißluft vorgeheizten Backrohr braten.

Schmeckt sowohl lauwarm als auch kalt sehr fein.

Zubereitungszeit: **ca. 10 min**
Marinierzeit: **mind. 30 min**
Bratzeit: **ca. 15 min**

☞ Anstelle der Zucchini kann man auch Kürbis, Melanzani, Fenchel oder Wurzelgemüse verwenden.

Paradeiser-Marillen-Salat
mit Basilikum

400 g	bunte Paradeiser
250 g	reife Marillen
1	Stange Frühlingszwiebel
1	Bund kleinblättriger Strauchbasilikum
3 EL	Olivenöl
2 EL	Marillenessig (ersatzweise Himbeeressig)
1 EL	Paradeiseressig
	Salz, Pfeffer

Paradeiser und Marillen in mundgerechte Stücke, Zwiebel schräg in feine Scheiben schneiden. Basilikumblätter vom Stiel zupfen und eventuell grob hacken. Alle Zutaten in einer Schüssel behutsam vermischen, mit Öl, Essig und den Gewürzen abschmecken.
Vor dem Servieren etwas durchziehen lassen und nicht im Kühlschrank lagern.

Zubereitungszeit: **ca. 10 min**

Feines Risotto mit Spargel
und Zitronen-Mohn-Gremolata

400 g	Risottoreis
1	mittlere Zwiebel
2	Knoblauchzehen
1 EL	Olivenöl
20 g	Butter
1/16 l	Weißwein
1	Lorbeerblatt
1	Zweig Thymian
1 l	heißer Gemüsefond
500 g	grüner und weißer Spargel
	Salz, Pfeffer
80 g	Butter
70 g	Hartkäse

Risottoreis in einer Schüssel so lange mit kaltem Wasser waschen, bis das Wasser klar ist.

Zwiebel und Knoblauch fein hacken, beides in Olivenöl und Butter anschwitzen. Reis dazugeben, gut durchrühren und mit Weißwein ablöschen. Wein einreduzieren lassen, Lorbeer und Thymian dazugeben. Anschließend mit ein bis zwei Schöpfern Gemüsefond aufgießen. Das Risotto unter regelmäßigem Rühren bissfest kochen. Immer wieder Gemüsefond zugießen.

Weiße Spargel ganz schälen, grünen Spargel nur im unteren Viertel. Die Enden abschneiden.

Spargel in der Hälfte der übrigen Butter glasig braten und unter das Risotto rühren, mit Salz und Pfeffer abschmecken. Kurz vor dem Servieren die übrige kalte Butter und den geriebenen Hartkäse einrühren.

Risotto mit dem Gremolata anrichten.

Zubereitungszeit: **ca. 15 min**
Kochzeit: **ca. 20 min**

☞ Die Spargelschalen und -enden kann man aufheben und mit kaltem Wasser in einem Topf für circa dreißig Minuten kochen. Dadurch erhält man einen schmackhaften Spargelfond, den man für Suppen, Saucen und Ragouts verwenden kann - aber auch zum Aufgießen des Risotto!

Zitronen-Mohn-Gremolata

2	Zitronen
1	Bund Petersilie
50 g	Mohn
100 ml	Olivenöl
	Salz

Zitronen heiß abwaschen und mit einer Reibe oder einem Zestenreißer die Schale abreiben. Anschließend den Saft auspressen. Petersilie mittelfein hacken, Zitronenschalen und -saft, Petersilie und die übrigen Zutaten verrühren. Mit Salz abschmecken.

Zubereitungszeit: **5 min**

☞ Die Gremolata hält sich zugedeckt ein bis zwei Tage im Kühlschrank. Anstelle des Mohns kann man auch Nüsse, Sonnenblumenkerne oder Kürbiskerne verwenden. Die Petersilie ersetzen wir manchmal mit Salbei, Basilikum, Dill oder Liebstöckl.

Ofenparadeiser

1,5 kg	Paradeiser
3–4	Knoblauchzehen
1	Zweig Rosmarin
1	Zweig Thymian
2–3	Lorbeerblätter
	Olivenöl
	Salz

Backrohr auf 180 °C Heißluft vorheizen. Paradeiser halbieren, Knoblauchzehen in Scheiben schneiden und in eine ofenfeste Form setzen. Kräuter, Olivenöl und Salz dazugeben und einmal gut durchmischen.
Die Form mit den Paradeisern ins Backrohr stellen, bis sie gut durchgebraten sind. Dann kann man sie entweder anrichten oder zu einer Sauce weiterverarbeiten.

Zubereitungszeit: **ca. 10 min**
Backzeit: **20–35 min**

☞ Nach dieser Methode bereiten wir auch eine Paradeisersauce zu. Der Vorteil: Sie ist unkompliziert vorzubereiten und macht nicht viel Arbeit. Nachdem wir die Paradeiser aus dem Rohr genommen haben, werden sie mit einem Mixstab püriert und in einem Topf dann noch einmal für circa zwanzig Minuten gekocht. Danach schmecken wir sie beliebig ab. Man kann diese Sauce dann natürlich auch in sterile Gläser füllen und im Backrohr oder Einkochtopf als Vorrat für den Winter einkochen.

Cremige Polenta
in verschiedenen Variationen

500 ml	Milch
500 ml	Gemüsefond
	Salz, Pfeffer
	Muskatnuss, gerieben
2 EL	Olivenöl
125 g	Polenta

Milch und Gemüsefond gemeinsam mit den Gewürzen und dem Oliven-öl aufkochen. Polenta einrieseln lassen und mit einem Schneebesen unter ständigem Rühren cremig einkochen.

Zubereitungszeit: **ca. 10 min**

☞ Anstelle von Polenta kann man auch Dinkelgrieß verwenden!

─────── **VARIATIONEN FÜR FLEISCH, FISCH UND GEMÜSE** ───────

Kürbispolenta

70 g Hokkaido, klein würfelig geschnitten, und 3 EL Kürbiskernöl zugeben

Walnusspolenta

70 g geriebene Walnusskerne und eine Handvoll gehackte Walnusskerne zugeben

Frühlingszwiebelpolenta

2 Stangen Frühlingszwiebel, fein geschnitten, zugeben

Zitronenpolenta

abgeriebene Schale und Saft von 1–2 Zitronen zugeben

Überbackene Topfenlasagne

200 g	Mehl
2	Eier
2 EL	Öl
2 TL	Kakaopulver (gehäuft)
750 g	Topfen
90 g	Butter, zerlassen
90 g	Staubzucker
2 TL	Vanillezucker
	Salz
	Schale von 1 Zitrone, abgerieben
3 EL	Vanillepuddingpulver
1	Schuss Rum
6	Eidotter
6	Eiweiß
40 g	Kristallzucker

Nudelteig wie auf Seite 219 beschrieben herstellen und zugedeckt im Kühlschrank rasten lassen.

Topfen, zerlassene Butter, Zucker, Salz, Zitronenschale, Puddingpulver, Rum und Eidotter mit dem Handmixer glattrühren.

Das Eiweiß zu halbfestem Schnee schlagen, Kristallzucker einrieseln lassen und den Schnee fertig ausschlagen. Dann den Schnee behutsam unter die Topfenmasse heben.

Nudelblätter mit der Nudelmaschine ausrollen und passend zuschneiden. Danach abwechselnd Topfenmasse und Lasagneblätter in eine ausgefettete Auflaufform schichten. Dabei mit Topfenmasse beginnen und abschließen.

Im vorgeheizten Backrohr bei 180 °C Heißluft backen.

Zubereitungszeit: **ca. 30 min**
Backzeit: **ca. 35 min**

☞ Die Topfenmasse eignet sich auch zum Füllen von Palatschinken oder Strudel.

Erdbeer-Rhabarber-Sorbet

250 g	Rhabarber
1	Prise Zimt
2 TL	Vanillezucker
1	Schuss Weißwein
750 g	Erdbeeren

Rhabarber mit Zimt, Zucker und Weißwein weichkochen und im Kühlschrank vollständig auskühlen lassen. Anschließend gemeinsam mit den Erdbeeren pürieren, gut durchrühren und eventuell abschmecken.

Die Fruchtmasse dann in die Eismaschine füllen und frieren lassen. Wenn keine Eismaschine vorhanden ist, Eismasse in eine größere Schüssel leeren, ins Tiefkühlfach stellen und alle dreißig Minuten umrühren, bis das Eis cremig durchgefroren ist.

Zubereitungszeit: **ca. 10 min**
Koch- und Kühlzeit: **ca. 5 min & mind. 6 Std.**

Geliebte Sorbets

Vor einigen Jahren haben wir uns eine Eismaschine zugelegt. Keine große, keine supermoderne, sondern ein einfaches Haushaltsgerät, mit dem wir gerne Sorbets machen. Es ist ganz einfach und eine gute Möglichkeit, die Früchte des Frühlings und des Sommers rasch zu verarbeiten. Für Sorbets ist es ratsam, sich Zuckersirup auf Vorrat zu kochen. Einfach Wasser mit Kristallzucker im Verhältnis 1:1 aufkochen, in eine Flasche füllen und im Kühlschrank aufbewahren. Mit diesem kann man dann jederzeit frische Früchte pürieren, vielleicht noch mit etwas Rum, Likör oder Wein abschmecken und ab damit in die Eismaschine.

Marillensorbet

750 g	reife Marillen
125 ml	Zuckersirup (je nach Süßegrad der Marillen etwas mehr oder weniger)
1	Schuss Zitronensaft

Alle Zutaten mit dem Mixstab pürieren, in die Eismaschine füllen, einschalten und frieren lassen. In ein tiefkühlertaugliches Gefäß leeren, anschließend im Gefrierfach bei gelegentlichem Umrühren durchfrieren lassen.

☞ Das Marillensorbet schmeckt auch sehr gut, wenn man fein geschnittenen Basilikum oder Minze unter die Masse hebt.

Schwarzes Johannisbeersorbet

500 g	schwarze Johannisbeeren
100 ml	Zuckersirup
1	Schuss Zitronensaft
50 ml	Cassislikör oder Johannisbeernektar

Johannisbeeren abrebeln und mit Zuckersirup und Zitronensaft aufkochen. Anschließend mit dem Mixstab pürieren und im Kühlschrank vollständig auskühlen lassen.
Sorbetmasse danach mit dem Likör bzw. dem Nektar abschmecken, dann in die Eismaschine füllen und frieren lassen. In ein tiefkühlertaugliches Gefäß leeren und bei gelegentlichem Umrühren durchfrieren lassen

Apfelsorbet

750 g	Apfelmus
250 g	Naturjoghurt
	Vanillezucker, Zimt und Kardamom nach Belieben

Alle Zutaten mit dem Schneebesen verrühren, in die Eismaschine füllen und frieren lassen. In ein tiefkühlertaugliches Gefäß leeren und bei gelegentlichem Umrühren durchfrieren lassen.

☞ Wenn keine Eismaschine vorhanden ist, Eismasse in eine größere Schüssel leeren, ins Tiefkühlfach stellen und alle dreißig Minuten umrühren, bis das Eis cremig durchgefroren ist.

Schnelles Eis

Natürlich machen wir mit unserer Eismaschine nicht nur Sorbets, sondern auch das ein oder andere köstliche Eis. Auch auf diese Art kann man wunderbar und ganz leicht Frühlings- und Sommerfrüchte verarbeiten – und sich kreativ austoben!

Käferbohneneis

200 g	Käferbohnen, gekocht
3	Eidotter
100 g	Kristallzucker
1 TL	Vanillezucker
1	Prise Zimt
10 ml	Rum
1	Spritzer Zitronensaft

Käferbohnen mit dem Mixstab pürieren.
Eidotter mit Zucker cremig aufschlagen, Bohnenpüree dazugeben und weiter aufschlagen. Mit Vanillezucker, Rum, Zimt und Zitronensaft abschmecken.
In die Eismaschine füllen und frieren lassen. Dann in ein tiefkühlertaugliches Gefäß leeren und bei gelegentlichem Umrühren durchfrieren lassen.

Erdbeereis

500 g	Erdbeeren
300 g	Erdbeerjoghurt
250 ml	Sauerrahm

Alle Zutaten mit dem Mixstab pürieren, in die Eismaschine füllen und frieren lassen. In ein tiefkühlertaugliches Gefäß leeren und bei gelegentlichem Umrühren durchfrieren lassen.

Marillen-Ribisel-Kuchen

	Butter für die Form
	Mehl für die Form
200 g	Butter
5	Eidotter
100 g	Staubzucker
2 TL	Vanillezucker
1	Prise Salz
5	Eiweiß
50 g	Kristallzucker
200 g	Mehl
300 g	Marillen
150 g	Ribisel
	Zimt
2 EL	Kristallzucker

Backrohr auf 180 °C Heißluft vorheizen und einen Tortenring mit flüssiger Butter auspinseln und mit Mehl bestäuben.

Die Butter in einem kleinen Töpfchen zerlassen. Eidotter, Staubzucker, Vanillezucker und Salz mit einem Handmixer cremig weiß aufschlagen. Anschließend das Eiweiß mit Kristallzucker zu steifem Schnee schlagen und das Mehl durch ein Haarsieb sieben. Dann abwechselnd immer jeweils ein Drittel des Mehls und des Schnees vorsichtig unter die Dottermasse heben.

Marillen waschen, entkernen und vierteln, Ribisel abrebeln. Das Obst behutsam unter die Kuchenmasse heben und diese in die vorbereitete Form füllen. Vor dem Backen mit Zimt und Kristallzucker bestreuen.

Beim Backen mit einem Holzspieß testen, ob der Kuchen durch ist.

Zubereitungszeit: **ca. 25 min**
Backzeit: **45–55 min**

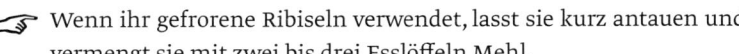 Wenn ihr gefrorene Ribiseln verwendet, lasst sie kurz antauen und vermengt sie mit zwei bis drei Esslöffeln Mehl.

Rhabarber-Kakao-Muffins

300 g	Rhabarber
150 g	Kristallzucker
1 TL	Vanillezucker
3	Eier
200 ml	Öl
250 g	Mehl
1 Pkg.	Backpulver
150 g	Nüsse, gerieben
3 EL	Kakaopulver
250 g	Sauerrahm

Die Muffinformen mit Papierkapseln auslegen. Rhabarber waschen, schälen, von Fäden befreien und in kleine Stücke schneiden.

Zucker, Vanillezucker und Eier mit einer Küchenmaschine aufschlagen, das Öl langsam unterrühren. Mehl, Backpulver, Nüsse, Kakaopulver und Rhabarber vermischen und unter die Eiermischung rühren, zum Schluss den Sauerrahm einrühren.

Jeweils 2 Esslöffel Muffinmasse in die Papierkapseln füllen und im vorgeheizten Backrohr bei 180 °C Heißluft backen.

Zubereitungszeit: **ca. 15 min**
Backzeit: **ca. 20 min**

Zwetschkentiramisu

3	Eidotter
70 g	Staubzucker
2 TL	Vanillezucker
500 g	Mascarpone
750 g	Zwetschken
1	Prise Zimt
1	Schuss Rum
1/8 l	Apfel-Kräuter-Saft
30–40	Biskotten
2 TL	Kakaopulver

Eidotter und Zucker mit dem Handmixer cremig weiß aufschlagen, Mascarpone einrühren. Zwetschken waschen, entkernen, halbieren und mit Zimt, Rum und mit einem Schuss Apfelsaft pürieren.

Einen Teil des Zwetschkenpürees mit dem restlichen Apfelsaft zum Tunken der Biskotten in einem Suppenteller bereitstellen.

In einer Schüssel oder Auflaufform Creme, Zwetschkenpüree und Biskotten schichten, beginnend mit getunkten Biskotten.

Zum Durchziehen abgedeckt in den Kühlschrank stellen und vor dem Servieren mit Kakaopulver bestreuen.

Zubereitungszeit: **ca. 35 min**
Kühlzeit: **mind. 4 Std.**

☞ Anstelle der Zwetschken kann man auch Erdbeeren, Himbeeren, Heidelbeeren, Pfirsiche oder Marillen verwenden. Für Apfeltiramisu die Äpfel dünsten und zu Apfelmus verarbeiten.

Biskotten

3	Eidotter
50 g	Staubzucker
1 TL	Vanillezucker
3	Eiweiß
50 g	Kristallzucker
80 g	Mehl
30 g	Maisstärke
	Staubzucker zum Bestreuen

Backrohr auf 200 °C Ober- und Unterhitze vorheizen. Backblech mit Backpapier auslegen.

Dotter mit Staubzucker und Vanillezucker schaumig rühren. Eiweiß mit Kristallzucker zu cremig-steifem Schnee schlagen.

Mehl und Maisstärke vermischen, ein Drittel des Schnees rasch unter die Dottermasse rühren. Dann restlichen Schnee und die Mehl-Maisstärke-Mischung vorsichtig unterheben.

Die Biskottenmasse in einen Spritzsack füllen und Biskotten in beliebiger Länge auf das Backpapier dressieren.

Biskotten zuletzt mit Staubzucker besieben und anschließend bei leicht geöffneter Backrohrtür goldgelb und trocken ausbacken.

Zubereitungszeit: **ca. 10 min**
Backzeit: **ca. 8 min**

Rhabarberkuchen

	Butter, flüssig, zum Auspinseln
	Mehl zum Bestäuben
200 g	Butter
5	Eidotter
100 g	Staubzucker
2 TL	Vanillezucker
1	Prise Salz
5	Eiweiß
50 g	Kristallzucker
200 g	Mehl
250 g	Rhabarber
	Zimt
2 EL	Kristallzucker

Backrohr auf 180 °C Heißluft vorheizen. Einen Tortenring mit flüssiger Butter auspinseln und mit Mehl bestäuben.

Butter in einem kleinen Töpfchen zerlassen. Eidotter mit Staubzucker, Vanillezucker und Salz mit einem Handmixer cremig aufschlagen. Flüssige Butter behutsam einschlagen. Eiweiß mit Kristallzucker zu steifem Schnee schlagen.

Das Mehl durch ein Haarsieb sieben und abwechselnd immer jeweils ein Drittel des Mehls und des Schnees vorsichtig unter die Dottermasse heben.

Anschließend den Rhabarber waschen, Fäden abziehen und entweder in kleine Stücke oder - entsprechend dem Tortenring - in Stangen schneiden.

Kuchenmasse in die Form füllen, Rhabarber darauf verteilen, mit Zimt und Zucker bestreuen und backen. Mit einem Holzspieß testen, ob der Kuchen durch ist.

Zubereitungszeit: **ca. 20 min**
Backzeit: **45-55 min**

☞ Mit dieser Kuchenmasse kann man viele unterschiedliche Kuchen backen - je nachdem, welches Obst gerade verfügbar ist. Bestens eignen sich entsteinte Kirschen, Stachelbeeren, Himbeeren oder Pfirsiche.

Erdbeer-Joghurt-Schnitte

80 g	Mehl
60 g	Maizena
4	Eier
80 g	Staubzucker
1 TL	Vanillezucker
1	Prise Salz
100 g	Butter, zerlassen
6	Blatt Gelatine
125 g	Erdbeeren
	Saft von 1/2 Zitrone
250 g	Naturjoghurt
150 g	Erdbeerjoghurt
250 g	Schlagobers
	Erdbeeren und Minze zum Garnieren

Backrohr auf 180 °C Heißluft vorheizen und tiefes Backblech mit Backpapier auslegen.

Mehl und Maizena sieben, Eier, Zucker, Vanillezucker und Salz mit dem Handmixer cremig aufschlagen. Mehl, Maizena und zerlassene Butter vorsichtig mit dem Schneebesen unterheben.

Tortenmasse auf das Backblech leeren und glattstreichen, anschließend backen. Nach dem Backen vom Backblech heben und auskühlen lassen.

Gelatine in kaltes Wasser legen. Erdbeeren und die Hälfte des Zitronensaftes mit einem Mixstab pürieren. Joghurts in einer Schüssel mit dem Erdbeerpüree glattrühren. In einer weiteren Schüssel das Schlagobers cremig aufschlagen. Gelatine mit dem verbliebenen Zitronensaft auflösen und mit 2 Esslöffeln Joghurt verrühren, danach mit dem Schneebesen zur Erdbeer-Joghurt-Creme rühren. Vorsichtig das Schlagobers unterheben.

Den Tortenboden mit einem Kuchenrahmen einfassen, die Erdbeer-Joghurt-Creme darauf verteilen und glattstreichen. Im Kühlschrank gelieren lassen.

Die Erdbeer-Joghurt-Schnitte mit einem Messer in beliebig große Stücke schneiden und mit ganzen Erdbeeren oder Erdbeerscheiben und Minze garnieren.

Zubereitungszeit Tortenboden: **ca. 15 min**
Zubereitungszeit Creme: **ca. 15 min**; Backzeit: **ca. 20 min**; Aus- bzw.
Kühlzeit: Tortenboden: **ca. 30 min**; fertige Schnitte: **mind. 8 Std.**

☞ Torten und Schnitten mit Creme kann man besser schneiden, wenn man das Messer zuvor in warmes Wasser taucht.

Rhabarber-Erdbeer-Streuselkuchen

	Butter, flüssig, zum Auspinseln
	Mehl zum Bestäuben
3	Eidotter
1	Tasse Joghurt
1/2	Tasse Staubzucker
1/2	Tasse Öl
1/2	Tasse Walnusskerne, gemahlen
1/2	Tasse Trinkkakaopulver
1	Tasse Mehl
3	Eiweiß
1	Prise Salz
2–3	Stangen Rhabarber
125 g	Erdbeeren
125 g	Butter
50 g	Mehl
50 g	Walnusskerne, gemahlen
3 EL	Kristallzucker
3 TL	Vanillezucker

Backrohr auf 180 °C Heißluft vorheizen. Eine Tortenform mit Backpapier auslegen, Ränder mit zerlassener Butter ausstreichen und mit Mehl bestäuben.

Eidotter mit Joghurt, Staubzucker und Öl verrühren. Walnüsse, Kakaopulver und Mehl ebenfalls einrühren. Eiweiß mit Salz zu steifem Schnee schlagen und vorsichtig unter die Kuchenmasse heben.

Rhabarber waschen, Fäden abziehen und in einen Zentimeter breite Stücke schneiden. Erdbeeren ebenfalls waschen, trockentupfen, vom Grün befreien und halbieren. Anschließend das Obst auf dem Tortenboden verteilen.

Butter zerlassen. Mehl, Nüsse und Zucker vermischen und die flüssige Butter mit einer Gabel einarbeiten.

Dann die Streusel auf dem Obst verteilen, den Kuchen im Rohr backen und mit einem Holzspieß testen, ob er durch ist.

Zubereitungszeit: **ca. 30 min**
Backzeit: **50–60 min**

Grießflammerie
mit Lavendel-Marillen-Röster

500 ml	Milch
5	Blatt Gelatine
250 ml	Milch
	Salz, Vanillezucker, Zimtpulver, Nelken
50 g	Honig
40 g	Dinkelgrieß
20 g	Butter
250 ml	Schlagobers
	Zitrone, Orange

Gelatine in kaltes Wasser legen, die Milch mit den Gewürzen aufkochen und durch ein Sieb seihen. Abermals aufkochen, mit Honig süßen, Butter und Grieß mit einem Schneebesen einrühren.

Gelatine ausdrücken und in den heißen Brei einrühren. Die Masse in eine größere Schüssel leeren und auskühlen lassen, dabei allerdings regelmäßig umrühren, damit die Masse nicht ganz fest wird und sich keine Klumpen bilden.

Schlagobers mit dem Handmixer aufschlagen und unter die gut abgekühlte Grießmasse heben.

Das Grießflammerie entweder in kleine Gläser oder in eine halbrunde Terrinenform, die man zuvor mit Wasser ausgespült und mit Frischhaltefolie ausgelegt hat, füllen. Dann im Kühlschrank gelieren lassen.

Zubereitungszeit: **ca. 15 min**
Kühlzeit: 1 x **20 min** & 1 x **mind. 4 Std.**

☞ Man kann das Grießflammerie auch mit vielen Kardamomkapseln kochen und anstelle der Lavendel-Marillen-Röster Zwetschkenröster servieren.

Lavendel-Marillen-Röster

500 g	Marillen
2 TL	Vanillezucker
1	Schuss Weißwein
2-3	Nelken
1 EL	Zitronensaft
2 TL	Lavendelblüten

Marillen waschen, entkernen und vierteln. Vanillezucker in einem Topf schmelzen, Marillen einlegen und mit Weißwein ablöschen. Nelken und Zitronensaft dazugeben und bissfest dünsten. In eine Schüssel leeren. Lavendelblüten zugeben und abkühlen lassen.

Zubereitungszeit: **ca. 15 min**

Buttermilch-Ribisel-Mousse
im Glas

4–6 GLÄSER:

3	Blatt Gelatine
500 ml	Buttermilch
	Saft von 1 Zitrone
2 TL	Vanillezucker
70 g	Staubzucker
250 ml	Schlagobers
20 cl	Rum
1	Tasse Ribisel

Gelatine in kaltes Wasser legen, Buttermilch mit Zitronensaft und Vanillezucker glattrühren, Schlagobers cremig schlagen.

Die Gelatine ausdrücken und mit Rum auflösen. Anschließend mit dem Schneebesen mit zwei Esslöffel Buttermilch verrühren, dann erst unter die restliche Buttermilch rühren. Danach das Schlagobers vorsichtig unterheben.

Ribisel waschen, trockentupfen, abrebeln (ein paar Reben als Garnitur zur Seite legen) und auf die vorbereiteten Gläser aufteilen. Buttermilchmousse ebenfalls auf die Gläser aufteilen und im Kühlschrank gelieren lassen. Zuletzt mit den Ribiselreben garnieren und servieren.

Zubereitungszeit: **ca. 15 min**
Kühlzeit: **mind. 4 Std.**

☞ Man kann die Buttermilch auch durch Joghurt oder Sauerrahm ersetzen. Die Ribisel sind natürlich nicht obligatorisch, statt ihnen können alle verfügbaren Früchte verwendet werden.

Erdbeer-Topfen-Knödel
mit Rhabarberragout und Vanillebröseln

100 g	weiche Butter
2	Eier
2 EL	Zucker
	Vanillezucker
1	Prise Salz
	Schale von 1/2 Zitrone, abgerieben
250 g	Topfen
200 g	Mehl
2 EL	Dinkelgrieß
	Erdbeeren

Butter, Eier, Zucker, Salz und Zitronenschale mit dem Schneebesen verrühren, dann den Topfen einrühren. Mehl und Grieß mit der Hand einkneten und den Teig zugedeckt im Kühlschrank rasten lassen.

Danach aus dem Topfenteig auf leichter bemehlter Unterlage eine circa fünf Zentimeter dicke Rolle formen. Passende Scheiben herunterschneiden und flachdrücken. Gewaschene und vom Grün befreite Erdbeeren mit dem Teig umhüllen, Enden zusammendrücken und die Knödel in den Handflächen rollen.

Die Knödel anschließend in gesalzenes, siedendes Wasser legen und leicht wallend kochen.

Zuletzt mit einem Siebschöpfer herausnehmen und in Vanillebröseln schwenken.

Zubereitungszeit: **ca. 10 min**
Rastzeit: **ca. 10 min**
Kochzeit: **20-30 min**

Vanillebrösel

100 g	Butter
100 g	Semmelbrösel
1 EL	Staubzucker
	Vanillezucker

Butter in einer Pfanne schmelzen, Semmelbrösel und Zucker einrühren. Vorsichtig leicht anrösten lassen - die Brösel verbrennen sehr schnell.

Zubereitungszeit: **ca. 10 min**

Rhabarberragout

3-4	Stangen Rhabarber
	Zucker (nach Belieben)
1	Schuss Weißwein
	Zimtpulver

Rhabarber waschen, schälen bzw. Fäden abziehen und in mundgerechte Stücke schneiden. Zucker in einer Pfanne schmelzen und leicht karamellisieren lassen. Rhabarberstücke in die Pfanne geben, mit Weißwein ablöschen. Wenig Wasser zugießen und bissfest dünsten. Zuletzt mit Zimt abschmecken.

Zubereitungszeit: **ca. 10 min**
Kochzeit: **ca. 5 min**

Marillenkuchen
„Upside-Down"

	Butter, flüssig, zum Bepinseln
	Mehl zum Bestäuben
1/16 l	Wasser
70 g	Kristallzucker
250 g	Butter
5	Eidotter
100 g	Staubzucker
2 TL	Vanillezucker
1	Prise Salz
5	Eiweiß
50 g	Kristallzucker
220 g	Mehl
10–12	Marillen
	Staubzucker zum Bestreuen

Backrohr auf 180 °C Heißluft vorheizen, einen Tortenring mit Backpapier auslegen und die Ränder mit flüssiger Butter auspinseln und mit Mehl bestäuben.

Wasser und Kristallzucker zu einem Sirup kochen und zur Seite stellen.

Butter in einem kleinen Töpfchen zerlassen. Eidotter mit Staubzucker, Vanillezucker und Salz mit einem Handmixer cremig aufschlagen. Eiweiß mit Kristallzucker zu steifem Schnee schlagen. Mehl durch ein Haarsieb sieben und immer jeweils ein Drittel des Mehls und des Schnees vorsichtig unter die Dottermasse heben.

Marillen waschen, entkernen und halbieren. Mit der Schnittfläche nach unten auf dem Tortenring verteilen und mit einem Löffel den Sirup darübergießen. Anschließen die Kuchenmasse in die Form füllen und backen. Mit einem Holzspieß testen, ob der Kuchen durch ist.

Tortenring aufmachen und den Kuchen mit der Oberseite nach unten auf ein Kuchengitter stürzen. Auskühlen lassen und mit Staubzucker bestreut servieren.

Zubereitungszeit: **ca. 25 min**
Backzeit: **45–55 min**

Zwetschkenfleck

500 g	Mehl
50 g	Zucker
1 TL	Vanillezucker
	Schale von 1/2 Zitrone, abgerieben
	Schale von 1/2 Orange, abgerieben
150 ml	Milch
70 g	weiche Butter
1/2	Würfel Frischgerm
2	Eier
1,5 kg	Zwetschken
2 EL	Kristallzucker
	gemahlenen Zimt und gemahlenen Kardamom, vermischt, oder Aladins Kaffeegewürz von Sonnentor

Mehl, Zucker und Orangen- und Zitronenschale vermischen. Milch und Butter lauwarm erwärmen und Germ darin auflösen. Gemeinsam mit den Eiern zum Mehl geben. Alles zu einem glatten Teig kneten, mit einem feuchten Tuch bedecken und gehen lassen.

Backrohr in der Zwischenzeit auf 180 °C Heißluft vorheizen und ein Backblech mit Backpapier auslegen. Die Zwetschken waschen, entsteinen, halbieren und die Hälften zwei Drittel einschneiden.

Teig noch einmal gut durchkneten, auf einer bemehlten Arbeitsfläche einen halben Zentimeter dick ausrollen und aufs Backblech legen. Zwetschkenhälften mit der Schnittfläche nach unten daraufsetzen und mit Kristallzucker und dem Gewürz bestreuen. Noch einmal gehen lassen und anschließend im Backrohr backen.

Zubereitungszeit: **ca. 25 min**
Rastzeit: **2 x 30 min**
Backzeit: **30–40 min**

Marillenbowle

500 g	reife Marillen
250 ml	Apfel-Kräuter-Saft
250 ml	Mineralwasser
1	Flasche Weißwein
1	Flasche Sekt

Marillen entsteinen und vierteln, dann mit Saft, Mineralwasser und Weißwein in einer Schüssel ansetzen und für mehrere Stunden kühl stellen. Zum Servieren mit Sekt aufgießen.

Zubereitungszeit: **ca. 10 min**
Kühldauer: **mind. 4 Std.**

☞ Anstelle von Marillen kann man auch Erdbeeren, Himbeeren oder Melonenstücke verwenden. Wir haben auch schon Rhabarber-Ribisel-Bowle gemacht. Dafür den Rhabarber mit wenig Flüssigkeit, einer halben Zimtstange und zwei Nelken bissfest dünsten und dann wie im Rezept oben beschrieben ansetzen.

Zur kalten
Jahreszeit

Frische Aioli

Klassisches Knoblauchaioli

150 ml	Olivenöl
2	frische Eidotter
2 TL	klassischer Senf
1	Knoblauchzehe, fein gehackt
	Salz, Pfeffer
1	Schuss Apfelessig oder Knoblauchessig

Bei uns im Lokal gibt es immer wieder ein frisches Aioli als kleine, feine Beilage zu verschiedenen Gerichten. Das Schöne daran ist erstens, dass man nicht viele Zutaten braucht, und zweitens gibt es unzählige Varianten. Sie passen zu Fleisch, Fisch oder Gemüse, verfeinern aber auch Suppentöpfe und lassen sich aufs Brot streichen. Ein paar unserer liebsten wollen wir euch nicht vorenthalten.

Alle Zutaten in ein hohes, schmales Gefäß geben, den Stabmixer ganz in das Gefäß stellen, vorsichtig einschalten und den Mixer langsam von unten nach oben ziehen. Alles einmal gut durchmixen, abschmecken und mit dem Schneebesen noch einmal glattrühren.
Im Kühlschrank hält sich das Aioli ein bis zwei Tage.

Zubereitungszeit: **je ca. 3 min**

☞ Für Honigaioli einfach einen Esslöffel Honig in das fertige Knoblauchaioli rühren!

Frisches Petersilaioli

150 ml	Sonnenblumenöl
2	frische Eidotter
2 TL	klassischer Senf
	Salz, Pfeffer
1	Schuss Apfelessig
1/2	Bund Petersilie, gehackt

Die Zubereitung funktioniert wie beim Knoblauchaioli, die gehackte Petersilie in die fertige Sauce rühren.

Curryaioli

150 ml	Sonnenblumenöl
2	frische Eidotter
2 TL	Currysenf
	Salz
1 TL	Currypulver
1	Schuss Zitronensaft
2 EL	Sauerrahm (nicht mitmixen)

Die Zubereitung funktioniert wie beim Knoblauchaioli, der Sauerrahm wird mit einem Schneebesen in die fertige Sauce gerührt.

Krenaioli

150 ml	Sonnenblumenöl
2	frische Eidotter
2 TL	Krensenf
2 TL	Kren, frisch gerieben
	Salz, Pfeffer
1	Schuss Krenessig

Die Zubereitung funktioniert wie beim Knoblauchaioli.

SPEZIALTIPP

Kernölaioli

150 ml	Kürbiskernöl
2	frische Eidotter
2 TL	Kürbissenf
	Salz, Pfeffer
1	Schuss Apfelessig

Die Zubereitung funktioniert wie beim Knoblauchaioli.

Bratapfel-Sellerie-Suppe

3	kleine, säuerliche Äpfel mit Schale
	Zimtpulver
6	Nelken
1/2	Knollensellerie
1	Zwiebel
2 EL	Öl
1	großer Schuss Weißwein
1 l	Gemüsefond oder Selleriefond (saubere Sellerieschalen mit Wasser bedecken und auskochen)
	Apfelessig
	Salz, Pfeffer
	Muskat, gerieben
250 ml	Sauerrahm

Die Äpfel entkernen, mit Zimt würzen, in jeden Apfel zwei Nelken stecken. Anschließend in eine ofenfeste Form setzen und im Backrohr bei 180 °C Heißluft circa fünfundzwanzig Minuten braten.

Inzwischen Sellerieknolle gut waschen und gemeinsam mit der Zwiebel, schälen und klein würfeln. Zwiebel in Öl anschwitzen, Sellerie zugeben und mit Weißwein ablöschen. Mit Gemüse- oder Selleriefond aufgießen, würzen und weichkochen lassen. Nelken aus den Bratäpfeln entfernen, die Bratäpfel mitkochen lassen.

Die Suppe mit dem Stabmixer pürieren und mit Apfelessig abschmecken. Zuletzt mit einem Schneebesen den Sauerrahm einrühren und nicht mehr aufkochen lassen

Zubereitungszeit: Bratäpfel: **ca. 25 min**; Suppe: **ca. 30 min**

Mit Grissini (zubereitet wie auf Seite 24 beschrieben) und etwas Walnussöl anrichten.

☞ Man kann auch Stangensellerie für die Suppe verwenden. Dabei allerdings das Grün nicht mitkochen, sondern zum Anrichten fein hacken, mit Apfelwürfeln und Walnussöl verrühren und über die Suppe träufeln.

Meistens befindet sich noch Erde in den unteren Auswüchsen einer Sellerieknolle. Für diese Fälle haben wir eine Gemüsebürste (Handbürste, die ausschließlich für Gemüse verwendet wird).

Topinambursuppe

500 g	Topinambur
1	Zwiebel
2 EL	Olivenöl
1 l	Gemüsefond
	Salz, Pfeffer
	Zimt
	Muskatnuss, gerieben
250 ml	Schlagobers
1	Schuss Apfelessig

Topinambur gut waschen (eventuell mit Hilfe einer Gemüsebürste), schälen und in Stücke schneiden. Zwiebel schälen und würfeln, mit Olivenöl in einem hohen Topf anschwitzen. Topinambur dazugeben.
Mit Gemüsefond aufgießen, würzen und weichkochen. Kaltes Schlagobers dazugeben und mit dem Mixstab cremig mixen. Mit Salz, Pfeffer und Essig abschmecken.
Zuletzt auf niedriger Flamme noch einmal kurz aufkochen lassen.

Zubereitungszeit: **ca. 40 min**

Curry-Weißkraut-Suppe
mit Honig

2	Zwiebeln
1/2	Krautkopf
50 g	Butter
2 EL	Honig
2 TL	Currypulver
75 ml	Weißwein
1 l	Gemüsefond
	Kümmel, gemahlen
	Zimt
	Salz
250 ml	Naturjoghurt

Zwiebel schälen und das Kraut vom Strunk befreien, beides in feine Streifen schneiden. Butter in einem hohen Topf zerlassen und die Zwiebel darin anbraten. Honig drüberträufeln und karamellisieren. Fein geschnittenes Kraut dazugeben, gut durchrühren, dann das Currypulver dazugeben und kurz mitrösten. Mit Weißwein ablöschen und mit Suppe aufgießen, Gewürze zugeben und circa dreißig Minuten kochen lassen.
Dann die Suppe mit einem Stabmixer pürieren, abschmecken und das Joghurt einrühren. Nicht mehr kochen lassen, damit das Joghurt nicht ausflockt.
Mit gebratenem Knoblauchbrot oder Weizenfladen servieren.

Zubereitungszeit: **ca. 30 min**

☞ Köstlich ist die Suppe auch, wenn man nach dem Pürieren eine Handvoll Rosinen dazugibt, sie kurz aufkochen lässt und sie erst dann mit Joghurt bindet.

GARNITURVARIATIONEN

Verschiedene Nüsse grob hacken und in einer Pfanne trocken rösten. In eine Schüssel leeren und gutes, fruchtiges Olivenöl drübergießen. Das Nussöl zum Anrichten über die Suppe träufeln.

Altbackenes Brot und Sellerie klein würfeln, Topinambur in feine Scheiben schneiden und in Butter knusprig braten. Wenn das Gemüse knusprig ist, Brot und sehr grob gehackte Walnüsse dazugeben und ebenfalls mitbraten. Mit frischer Kresse mischen und über die Suppe streuen.

Feines Hanföl oder selbstgemachtes Nussöl nach dem Anrichten über die Suppe träufeln.

Wintergemüsesuppentopf
mit frischen Nudeln

2	orange Karotten (oder, noch besser: eine weiße und eine orange)
1	gelbe Karotte
3	kleinere Erdäpfel
1/2	Sellerieknolle
2	Petersilienwurzeln
2	Pastinaken
1/2	Stange Lauch
2	Knoblauchzehen mit Schale, zerdrückt
2 EL	Öl
1	Glas Weißwein
2	Lorbeerblätter
3	getrocknete Wacholderbeeren, zerdrückt
3	Pimentkörner, zerdrückt
	Pfefferkörner
je 2–3	Zweige Thymian, Rosmarin, Majoran, Salbei
	Salz
	Muskatnuss, Essig
1	Portion Nudeln, zubereitet wie auf Seite 219 beschrieben

Das Gemüse mit einer Gemüsebürste sauber waschen, schälen und in mundgerechte Stücke schneiden. Schalen und Abschnitte (Erdäpfelschalen nicht verwenden, sie würden dem Fond eine sehr dunkle Farbe geben) in einem mittleren Topf mit einem Esslöffel heißem Öl anrösten. Mit kaltem Wasser abschrecken, zum Kochen bringen und circa dreißig Minuten kochen lassen.

In einem großen Suppentopf Öl erhitzen und das geschnittene Gemüse mit Knoblauch darin anrösten. Mit Weißwein ablöschen, Gewürze dazugeben, mit Gemüsefond aufgießen und circa dreißig Minuten leicht kochen lassen.

Suppe zuletzt mit Salz, Muskatnuss und Essig pikant abschmecken und mit frischen, heißen Nudeln in großen Suppentellern anrichten.

Zubereitungszeit: **ca. 15 min**
Kochzeit: **ca. 40 min**

☞ Je nach Jahreszeit und Gemüseangebot bietet diese Suppe unendlich viele Möglichkeiten.

Wir variieren sie zum Beispiel mit gekochten Soja- oder Käferbohnen, mitunter geben wir auch klein geschnittenen Wirsing und Kümmel hinein. Kürbis, Stangensellerie oder Herbstrüben finden vor allem im Herbst den Weg in den Suppentopf.

Mit Paprika oder Pfefferoni sollte man sparsam sein, da sie sehr dominante Geschmacksgeber sind.

Man kann den Suppentopf auch mit Sauerrahm, frischem Aioli, Gremolata, vielen Kräutern oder geriebenem Käse aufwerten.

Rote-Rüben-Suppe

500 g	Rote Rüben
1	Zwiebel
50 g	Butter
1 l	Gemüsefond
	Muskatnuss, Kümmel
	Salz, Pfeffer
250 ml	Schlagobers
1	Schuss Apfelessig

Rote Rüben schälen und in kleine Stücke schneiden. Zwiebel würfeln, die Butter in einem hohen Topf zerlassen und Zwiebel darin anschwitzen. Rote Rüben dazugeben. Mit Gemüsefond aufgießen, Gewürze dazugeben und weichkochen lassen. Die Suppe mit dem Stabmixer pürieren. Mit kaltem Schlagobers binden und mit Essig, Salz und Pfeffer abschmecken.

Zubereitungszeit: **ca. 20 min**
Kochzeit: **ca. 25 min**

VARIATIONEN

Das Rezept oben kann man als Grundrezept verstehen, es bietet viele Variationsmöglichkeiten. Einige davon möchten wir euch vorstellen. Lasst aber eurer Fantasie freien Lauf und probiert, was euch am besten schmeckt.

Joghurt: Man kann die Suppe statt mit Schlagobers auch mit einem cremigen Naturjoghurt binden. Danach sollte man die Suppe nicht mehr aufkochen, da sonst das Joghurt ausflockt.

Fruchtig: Die Suppe wird fruchtiger, wenn man einen Teil der Roten Rüben durch Äpfel, Birnen oder Zwetschken ersetzt. Als zusätzliches Gewürz eignet sich ganz hervorragend gemahlener Zimt.

Orientalisch: Wer es etwas orientalisch mag, kann den Zwiebel mit 1 TL Koriandersamen, 1 TL Senfkörner und 1 TL gemahlenem Kreuzkümmel anrösten und mit 1 TL Paradeismark kurz braten, dann die Roten Rüben zugeben und wie im Rezept beschrieben fortfahren.

Kren: Vor dem Anrichten kann man etwas Joghurt mit frisch geriebenem Kren mischen und in die Suppe einrühren.

Essigvielfalt: Auch mit verschiedenen selbstgemachten oder gekauften Fruchtessigen wie Himbeeressig, Salbeiessig oder Heidelbeeressig kann man spielen.

Garnitur: Eine feine Garnitur ist eine Gremolata aus Olivenöl, gehackter Zitronenschale, Salbei und gehackten, gerösteten Walnüssen. Und wie ihr auf dem Bild seht, machen auch frische Popcorn was her - nicht nur optisch, sondern auch geschmacklich!

Saure Rahmsuppe
mit Polentasterz

1	Zwiebel
50 g	Butter
1 l	Gemüsefond
	Muskatnuss, Kümmel
	Salz, Pfeffer
250 ml	Schlagobers
1	Schuss Apfelessig

Gemüsefond mit Kümmel, Salz, Lorbeer, Wacholder und Erdäpfelwürfeln aufstellen und zum Kochen bringen, dann blättrig geschnittene Knoblauchzehen dazugeben. Den Sauerrahm mit einem Schneebesen glattrühren und mit dem Mehl verrühren.

Wenn die Erdäpfel weichgekocht sind, die Sauerrahm-Mehl-Mischung in der Suppe versprudeln.

Noch einmal abschmecken und eventuell mit einem Schuss Apfelessig nachwürzen.

Zubereitungszeit: **ca. 15 min**
Kochzeit: **ca. 15 min**

Polentasterz

2	Tassen Wasser
	Salz
	Muskatnuss, gerieben
2 EL	Olivenöl
1	Tasse Polenta
2 EL	Butter- oder Schweineschmalz

Wasser mit den Gewürzen und Öl zum Kochen bringen. Polenta mit einem Schneebesen einrühren und aufkochen lassen. Vom Herd nehmen, zugedeckt ausdampfen und auskühlen lassen. Dann die Polenta mit einer Gabel auflockern.

Schmalz in einer Bratpfanne zerlassen und die Polenta bei mittlerer Hitze knusprig anbraten. Das dauert etwas, aber die Geduld wird belohnt, keine Sorge!

Zubereitungszeit: **ca. 5 min**
Auskühlzeit: **am besten über Nacht**
Kochzeit: **30-45 min**

☞ Man kann auch Grammeln oder Speck mitbraten.

Käferbohnen-Joghurt-Suppe

2		rote Zwiebeln
2 EL		Olivenöl
200 g		Käferbohnen, über Nacht in Wasser eingeweicht
1 TL		edelsüßes Paprikapulver
1 TL		Kreuzkümmel
1/2 TL		Zimtpulver
2		Lorbeerblätter
1 l		Gemüsefond
300 g		Joghurt
2 EL		Zitronensaft
2		Eidotter
		Salz, Pfeffer
1		Handvoll Minze, fein gehackt

Zwiebel schälen, grob würfeln und in Olivenöl anschwitzen. Käferbohnen und Gewürze dazugeben, mit Fond aufgießen und weichkochen. Lorbeerblätter entfernen und die Suppe mit einem Pürierstab pürieren.

Joghurt mit Zitronensaft und Dotter verrühren. Einen Schöpfer Suppe aus dem Topf nehmen und vorsichtig zur Joghurtmischung geben – behutsam, damit das Joghurt nicht ausflockt.

Anschließend die Joghurt-Dotter-Mischung unter kräftigem Rühren zur restlichen Suppe geben. Noch einmal heiß werden lassen, aber nicht mehr aufkochen.

Mit Salz und Pfeffer abschmecken und kurz vor dem Essen die frische Minze einrühren.

Zubereitungszeit: **ca. 15 min**
Kochzeit: **ca. 60 min**

Frisches Fladenbrot
aus der Pfanne

300 g	Weizenvollkornmehl
1/2	Würfel Frischgerm
1 TL	Salz
150–200 ml	lauwarmes Wasser

Alle Zutaten in einer Schüssel zu einem geschmeidigen Teig kneten und an einem warmen Ort zugedeckt gehen lassen.

Auf einer bemehlten Arbeitsfläche noch einmal gut durchkneten und in circa zwölf gleich große Portionen teilen, diese jeweils zu einem dünnen Fladen ausrollen.

Eine beschichtete Pfanne erhitzen und die Fladen nacheinander bei starker Hitze braten.

Man kann auch etwas Öl, Butterschmalz oder Schweineschmalz in die Pfanne geben und die Fladen darin anbraten.

In ein Tuch gewickelt bleibt das Fladenbrot warm und biegsam.

Zubereitungszeit: **ca. 10 min**
Rastzeit: **ca. 30 min**
Backzeit: **pro Seite 1–2 min**

☞ Eventuell mit etwas Knoblauchöl bestreichen und mit Sesam und Schwarzkümmel bestreuen.

Wenn man mag, kann man in den Teig auch Mohn, Sesam, fein gehackte Nüsse, gehackte Kräuter oder diverse passende Gewürze einarbeiten.

Joghurtfrischkäse
(Labaneh)

500 g	Naturjoghurt
3 EL	Olivenöl oder Gewürzöl
1	Prise Salz

frische oder getrocknete Kräuter (Thymian, Basilikum, Rucola, Schnittlauch, Petersilie ...)

Gewürze (geschroteter Pfeffer, Kreuzkümmel, Paprikapulver, Curry, diverse Kräutersalze ...)

Das Joghurt mit dem Öl und Salz verrühren. Ein Sieb mit einem sauberem Geschirrtuch oder einer sauberen Babywindel auslegen, das Joghurt hineinschütten und im Kühlschrank abtropfen lassen.

Das Joghurt verliert Wasser und wird zu einer festen, formbaren Masse. Daraus kann man kleine Kugeln oder eine Rolle formen. Diese kann man dann in Olivenöl einlegen oder in Nüssen, Saaten, Kräutern oder Gewürzen wälzen.

Wer den Joghurtfrischkäse für sich entdeckt und ihn dementsprechend oft zubereitet, sollte sich auf jeden Fall ein eigens dafür vorgesehenes Abtropftuch zulegen.

Zubereitungszeit: **ca. 3 min**
Abtropfzeit: **3–4 Tage**

Käferbohnen-Kürbis-Creme

300 g	Käferbohnen, sehr weich gekocht
2	Knoblauchzehen
2 EL	Kürbiskernöl
3 EL	Zitronensaft
3 EL	Tahin (Sesampaste)
1/2 TL	Kümmel
	etwas Gemüsefond oder Wasser zum Pürieren
1 EL	Butter, zerlassen
1 TL	Paprikapulver

Käferbohnen mit Knoblauch, den übrigen Zutaten (außer Butter und Paprikapulver) und Fond bzw. Wasser pürieren und abschmecken – es soll eine cremige Paste entstehen. Die Käferbohnenpaste in eine Schüssel geben.
Vor dem Essen flüssige Butter mit Paprikapulver einfärben und über die Paste träufeln.

Zubereitungszeit: **ca. 15 min**

☞ Für dieses Rezept kann man auch andere Bohnen verwenden. Wir haben es auch schon mit schwarzen und braunen Sojabohnen, Forellen- und Adzukibohnen probiert.

Rote-Rüben-Joghurt

150 g	Rote Rüben, gekocht und geschält
2	Knoblauchzehen, fein gehackt
250 ml	Joghurt
3 EL	Zitronensaft
1 TL	Kardamom, gemahlen
	frischer Salbei
	Salz, Pfeffer

Geschälte Rüben mit einer Vierkantreibe grob reiben, abtropfen und mit den übrigen Zutaten verrühren. Mit den Gewürzen gut abschmecken.

Zubereitungszeit: **ca. 5 min**

Bunter Karottensalat

300 g	gelbe Karotten
300 g	orange Karotten
1	kleine rote Zwiebel
4	Knoblauchzehen
1	Chilischote oder Chilipulver
4 EL	Olivenöl
50 ml	Wasser
	Salz
3 EL	Apfel-Karotten-Saft
3 EL	Zitronensaft
	Schale von 1 Zitrone, abgerieben
1 TL	Paprikapulver
1 EL	flüssiger Honig
je 1/2	Bund Minze und Schnittlauch, gehackt

Karotten in einen halben Zentimeter dicke Scheiben schneiden. Zwiebel vierteln und mit Knoblauchzehen in Scheiben schneiden, Chili in feine Streifen schneiden.

Karotten, Zwiebel und Knoblauch in einer Pfanne mit zwei Esslöffeln Olivenöl und Chili anbraten. Mit Wasser begießen, salzen und zugedeckt dünsten. Die Karotten sollen bissfest bleiben.

Aus Apfel-Karottensaft, Zitronensaft und -schale, zwei Esslöffeln Olivenöl, Salz, Paprikapulver und Honig eine Marinade rühren und über die Karotten gießen. Mit den Kräutern bestreuen.

Zubereitungszeit: **ca. 15 min**
Kochzeit: **ca. 10 min**

☞ Der Salat sieht auch sehr gut aus, wenn man weiße und violette Karotten dazugibt. Haltet Ausschau danach!

Kürbissterne

400 g	feines Weizenmehl
100 g	Hirse
1/2	Würfel Frischgerm
200 ml	lauwarmes Wasser
2 TL	Salz
4 EL	Kürbiskernöl
	Kürbiskerne, gemahlen

Mehl und Hirse mit zerbröseltem Germ, Wasser, Salz und Öl zu einem glatten und geschmeidigen Teig kneten. Anschließend zugedeckt an einem warmen Ort gehen lassen, das Backrohr einstweilen auf 190 °C Umluft vorheizen.

Auf einer bemehlten Arbeitsfläche noch einmal gut durchkneten und in circa zwölf gleich große Portionen teilen, diese dann zu gleichmäßigen Kugeln schleifen.

So macht man die Sterne: Die Oberseite der Kugeln zuerst in Wasser, dann in die Kürbiskerne tunken. Anschließend mit der kurzen Kante einer Scheckkarte kreuzweise (dreimal) einschneiden. Nun das entstandene Kreuz von hinten nach vorne drücken.

Die Brotsterne auf ein mit Backpapier ausgelegtes Backblech legen, noch einmal gehen lassen und anschließend backen.

Zubereitungszeit: **ca. 10 min**
Rastzeit: **2 x 30 min**
Backzeit: **ca. 30 min**

☞ Wer Hirse nicht mag, kann sie auch einfach weglassen. An den angegebenen Mengen ändert sich dadurch nichts.

Herbstrübencarpaccio
mit Mini-Kürbisquiche

1/2	kleiner Butternusskürbis
	Salz, Pfeffer
1 TL	Kreuzkümmel
	etwas Salbei
	Butter zum Anbraten
1–2	Herbstrüben
1	Handvoll Vogerlsalat
2 EL	Kürbiskerne
3 EL	Kürbiskernöl
2 EL	Kräuteressig
	etwas Honig
3 EL	Apfelsaft
1	Knoblauchzehe

Kürbis waschen, halbieren und in dünne Scheiben schneiden. Mit Salz, Pfeffer, Kreuzkümmel und Salbei würzen und in einer Pfanne anbraten. Herbstrübe schälen und ebenfalls in sehr dünne Scheiben schneiden.

Den Vogerlsalat waschen und hacken, die Kürbiskerne in einer Pfanne trocken knusprig rösten.

Aus Kernöl, Essig, Honig, Apfelsaft und der fein gehackten Knoblauchzehe mit einem Schneebesen verrühren, anschließend den gehackten Vogerlsalat und die Kürbiskerne einrühren. Die Vogerlsalatvinaigrette mit Salz und Pfeffer abschmecken.

Herbstrüben- und gebratene Butternusskürbisscheiben kreisförmig abwechselnd auf einen Teller legen. Vogerlsalatvinaigrette über die Gemüsescheiben träufeln.

In die Mitte des Carpaccios die Kürbisquiche setzen.

Zubereitungszeit: ca. 25 min
Bratzeit: ca. 10 min

Mini-Kürbisquiche

150 g	Mehl
150 g	Topfen
70 g	Butter
3 EL	Sesam
	Salz
1	kleine rote Zwiebel
2	Knoblauchzehen
1	kleine Hokkaido-Kürbis
1/2	kleiner Butternusskürbis
	Olivenöl
1	guter Schuss Weißwein
	Salz, Pfeffer
	Apfelessig zum Abschmecken
2	Eier
120 g	Sauerrahm
3 EL	Dinkelgrieß

Topfenblätterteig mit Sesam wie auf Seite 217 beschrieben zubereiten, auf einer bemehlten Fläche ausrollen und mit einem passenden Glas Kreise ausstechen. Muffinform ausfetten und Teigkreise in die Mulden legen, an den Rändern hochziehen und andrücken. Bis zur weiteren Verwendung in den Kühlschrank stellen.

Zwiebel und Knoblauch fein schneiden, Kürbisse in kleine Stücke schneiden. Gemüse mit Olivenöl anbraten, mit Weißwein ablöschen und zugedeckt weichdünsten lassen. Gelegentlich umrühren, nicht anbrennen lassen. Mit Salz, Pfeffer und Apfelessig abschmecken.

Das weichgekochte Gemüse mit dem Stabmixer pürieren, in eine Schüssel leeren und abkühlen lassen. Anschließend Eier, Sauerrahm und Grieß mit dem Püree verrühren.

Kürbismasse in die vorbereiteten Quicheförmchen füllen und im Backrohr bei 180 °C Heißluft backen.

Zubereitungszeit: ca. 50 min
Kochzeit: ca. 20 min
Backzeit: ca. 30 min

Dinkelgrieß-Nuss-Käse-Knödel
mit Rote-Rüben-Krautsalat und Korianderjoghurt

500 ml	Milch
100 g	Butter
	Salz
	Muskatnuss, gerieben
100 g	Dinkelgrieß
80 g	Walnusskerne, gerieben
2	Eier
80 g	Lieblingskäse (zum Beispiel Tilsiter mit Kümmel)
10–15	Walnusskerne zum Füllen

Milch mit Butter und den Gewürzen in einem Topf aufkochen, Temperatur reduzieren, dann Grieß und Walnüsse mit dem Schneebesen unter ständigem Rühren einkochen, die Masse in eine Rührschüssel leeren und abkühlen lassen. Eier verquirlen und rasch unter die abgekühlte Dinkelmasse rühren. Käse schneiden, Walnusskerne bereitstellen. Mit angefeuchteten Händen aus der Masse gleich große Knödel formen und diese jeweils mit einem Stück Käse und einem halben Walnusskern füllen.

Salzwasser in einem großen Topf zum Kochen bringen und die Knödel hineingeben. Vorsichtig umrühren, damit sie nicht am Boden ankleben, dann die Herdplatte zurückschalten und die Knödel circa zwanzig Minuten leicht köcheln lassen. Mit einem Lochschöpfer aus dem Topf heben und abgedeckt zur Seite stellen.

Mit Rote-Rüben-Krautsalat und Korianderjoghurt anrichten und genießen.

 Man kann die Knödel auch noch mit geriebenen, gerösteten Walnüssen bestreuen.

Rote-Rüben-Krautsalat

1	mittlere Rote Rübe, gekocht
1/2	Kopf Weißkraut
	Salz, Pfeffer
1 TL	Schwarzkümmel, gemahlen
2 EL	Apfelessig
3 EL	Hanföl

Die Rote Rübe mit einer Vierkantreibe grob reiben. Das Kraut vom Strunk befreien und es in dünne Streifen schneiden. Mit den Gewürzen, Essig und Öl marinieren.

Korianderjoghurt

250 ml	Naturjoghurt
6	Korianderkörner
1/2	Bund frisches Korianderkraut
	Schale von 1/2 Zitrone, abgerieben
	Salz

Joghurt in einer Schüssel glattrühren, Korianderkörner in einem Mörser grob zermahlen. Korianderkraut grob hacken und gemeinsam mit den Körnern und der Zitronenschale unter das Joghurt rühren. Mit Salz abschmecken.

Zubereitungszeit: **ca. 40 min**
Abkühlzeit: **ca. 15 min**
Kochzeit: **ca. 25 min**

Erdäpfel-Karotten-Chili
mit Sojabohnen und Maisbrot

500 g	Erdäpfel
1	roter Paprika
4	Karotten
1	Zwiebel
3	Knoblauchzehen
2 EL	Sonnenblumenöl
2 TL	Paprikapulver
1	Schuss Apfelessig
500 ml	Gemüsefond
	Salz, Pfeffer
1 TL	Kümmel, gemahlen
	Chilischote nach Belieben und gewünschtem Schärfegrad
300 g	Sojabohnen, gekocht

Erdäpfel mit Schale waschen und vierteln. Paprika in Streifen, Karotten in Scheiben, Zwiebel klein würfelig und Knoblauch in feine Scheiben schneiden

Zwiebel mit Knoblauch und Paprika in Sonnenblumenöl goldbraun anrösten. Paprikapulver beigeben und sofort mit Essig ablöschen. Dann mit Gemüsefond aufgießen.

Gemüse, Gewürze und Chilischote dazugeben und weichdünsten. Die Sojabohnen erst gegen Ende der Garzeit zugeben.

Zubereitungszeit: **ca. 15 min**
Kochzeit: **20-30 min**

☞ Wenn das Chili cremiger sein soll oder zu scharf geraten ist, kann man es mit zwei Esslöffeln Sauerrahm und einem Esslöffel Mehl binden.

Maisbrot

150 g	Maismehl
150 g	Weizenmehl
2 TL	Backpulver
1 TL	Salz
150 ml	Joghurt
150 ml	Milch
2	Eier
1 EL	Sonnenblumenöl

Backrohr auf 250 °C Ober- und Unterhitze vorheizen. Mehle gemeinsam mit Backpulver und Salz durch ein Haarsieb sieben, Joghurt, Milch und Eier mit dem Schneebesen verrühren. Anschließend das gesiebte Mehl einrühren.

Eine Tortenform mit Sonnenblumenöl ausstreichen und im Backrohr sehr heiß werden lassen, dann den Teig in die heiße Form leeren - dabei sollte es zischen. Backrohr auf 220 °C zurückschalten und das Maisbrot backen.

Zubereitungszeit: **ca. 5 min**
Backzeit: **ca. 30 min**

☞ Man kann in den Teig auch frische oder getrocknete Kräuter, würfelig geschnittene Paprika, 70 g rohe, geriebene Rote Rüben oder geschnittenen Käse einarbeiten.

Flaumiger Polentakuchen
mit Schwarzwurzelragout

750 ml	Milch und Wasser im Verhältnis 1:1
2 EL	Olivenöl
	Muskatnuss, gerieben
	Salz, Pfeffer
220 g	Polenta
3	Eier
50 g	flüssige Butter (für die Muffinformen)
	Polenta (ebenfalls für die Muffinformen)

Milch und Wasser mit Olivenöl, Muskatnuss, Salz und Pfeffer aufkochen, dann Temperatur reduzieren. Polenta mit einem Schneebesen einrühren und einkochen, aber Vorsicht: Die Masse beginnt zu spritzen. Gekochte Polenta aus dem Topf in eine Rührschüssel leeren und abkühlen lassen, dabei immer wieder umrühren. Die Eier trennen, den Dotter unter die Polentamasse rühren, das Eiweiß mit einer Prise Salz zu steifem Schnee schlagen. Dann auch diese behutsam mit der Polenta vermengen. Muffinformen mit der zerlassenen Butter ausstreichen und mit Polenta bestreuen.

Die Polentamasse in die Formen füllen und im Backrohr bei 180 °C Heißluft backen.

☞ Eventuell mit frisch gekeimten Sprossen oder Kresse bestreuen.

Schwarzwurzelragout

500 g	Schwarzwurzeln
	Saft von 1/2 Zitrone
	Salz
50 g	Butter
2 EL	Mehl (gehäuft)
200 ml	Schwarzwurzelfond (Wasser, in dem die Schwarzwurzeln vorgekocht wurden)
200 ml	Milch
	Salz, Pfeffer
	Muskatnuss, gerieben
	Schale von 1/2 Zitrone, abgerieben
50 ml	Schlagobers
1 EL	Leinöl

Für die Schwarzwurzeln eine Schüssel mit kaltem Wasser und Zitronensaft bereitstellen. Schwarzwurzeln am besten mit Handschuhen oder unter rinnendem kalten Wasser schälen und in die vorbereitete Schüssel legen. Sie können die Hände schnell rostrot färben.

Einen Topf mit Salzwasser zum Kochen bringen, die Schwarzwurzeln in Scheiben schneiden und bissfest kochen. Anschließend mit einem Lochschöpfer in kaltes Wasser geben und 200 ml des Kochwassers für die Sauce zurückbehalten.

In einem kleinen Topf Butter schmelzen und das Mehl mit einem Schneebesen einrühren. Unter ständigem Rühren Schwarzwurzelfond und Milch in den Topf gießen und zu einer Sauce einkochen lassen. Dann die gekochten Schwarzwurzelscheiben dazugeben, heiß werden lassen und mit den Gewürzen, der Zitronenschale und kaltem Schlagobers abschmecken.

Das Schwarzwurzelragout auf Tellern verteilen, Polentakuchen draufsetzen. Zuletzt kreisförmig Leinöl über jeden Teller träufeln.

Zubereitungszeit: **ca. 50 min**
Backzeit: **ca. 25 min**

Gekochtes Rindfleisch
mit frischem Kren

1,5 kg	Rindfleisch zum Kochen (Tafelspitz, Schulter-stücke, Suppenfleisch ...)
500 g	Suppen- und Fleisch-knochen
500 g	Wurzelgemüse
je 2–3	Zweige Thymian, Petersilie und Salbei
2	Lorbeerblätter
3	Wacholderbeeren, angequetscht
2	Pimentkörner, angequetscht
	Pfefferkörner
1	kleine gelbe Zwiebel, gewaschen und halbiert, aber nicht geschält
	Apfelessig oder Sherry
250 g	Wurzelgemüse zum Anrichten
1	daumenlanges Stück frischer Kren

Das Fleisch unter fließendem kalten Wasser waschen und trockentupfen, die Knochen ebenfalls waschen. Wasser in einem Topf zum Kochen bringen, den Suppenknochen in das kochende Wasser legen, circa fünf Minuten kochen (das nennt man blanchieren), herausnehmen und kalt abspülen.

In einem großen Suppentopf blanchierte Suppen- und gewaschene Fleischknochen mit kaltem Wasser auf den Herd stellen und langsam zum Kochen bringen. Den dabei entstehenden Schaum mit einem Siebschöpfer abschöpfen und entsorgen (das ist geronnenes Eiweiß und würde die Suppe trüb machen). Wenn die Knochensuppe zu kochen beginnt, Temperatur zurückschalten und das Rindfleisch einlegen. Wichtig ist nun, dass die Suppe nie heftig kocht. Durch die im Fleisch enthaltenen Eiweiße würde die Suppe trüb werden, da sie in heftig kochender Flüssigkeit zerkochen.

Nach vierzig bis fünfzig Minuten kann man das Wurzelgemüse (abgesehen von den Zwiebelhälften) und die Gewürze zur Suppe geben. Die Schnittseiten der Zwiebel in einer Pfanne trocken (also ohne Öl) anrösten und braun werden lassen, dann die Zwiebel ebenfalls zur Suppe geben.

Das Fleisch noch weitere dreißig Minuten köcheln lassen. Wenn man es mit einer Fleischgabel ansticht und klare Flüssigkeit austritt, kann man davon ausgehen, dass es durch ist – jedoch immer an der dicksten Stelle einstechen.

Das Fleisch in kaltem Wasser abschrecken, damit man es gut portionieren kann, und in Scheiben schneiden. Die Suppe durch ein Sieb gießen und mit Salz, etwas Apfelessig oder Sherry und Muskatnuss abschmecken.

Zum Essen empfehlen wir verschiedenes Wurzelgemüse in dickere Scheiben oder Stäbchen schneiden und in viel Salzwasser bissfest kochen.

Die Fleischscheiben in einem flachen Topf mit etwas Suppe und dem Wurzelgemüse heiß werden lassen. Zuletzt mit frisch geriebenem Kren bestreuen, eventuell auch mit Schnittlauch oder gehackter Petersilie.

Vorbereitungszeit: **ca. 20 min**
Kochzeit: **1,5 Std.**

☞ Für Fleischunkundige: Zum Kochen eignen sich Stücke aus der Rindsschulter, der klassische Tafelspitz, aber auch Teile vom Ochsenschwanz. Am besten den Fleischer nach seiner Empfehlung fragen.

Rote-Rüben-Gnocchi
mit Schafskäsecreme

1	Portion Erdäpfelteig, zubereitet wie auf S. 213 beschrieben, mit 50 g Rote-Rüben-Püree eingefärbt
	Salz
2 EL	Olivenöl
	frische Salbeiblätter, grob gehackt
	Salz, Pfeffer

Gnocchi wie im Grundrezept auf Seite 214 beschrieben herstellen und bis zum Kochen auf einem bemehlten Brett oder Backblech lagern. In einem großen Topf Salzwasser zum Kochen bringen. Diese Zeit kann man nutzen, um die Sauce vorzubereiten.

Gnocchi in das Salzwasser geben und mit einem Kochlöffel vorsichtig umrühren, damit sie nicht am Boden festkleben, und warten, bis alle Gnocchi an die Wasseroberfläche gestiegen sind. Eine Schüssel mit kaltem Wasser bereitstellen. Gnocchi mit einem Lochschöpfer vorsichtig in die Schüssel geben und anschließend in einem Sieb abtropfen lassen. Um ein Zusammenkleben zu vermeiden, Olivenöl unter die Gnocchi rühren.

In einer Pfanne Schafskäsecreme erhitzen, Gnocchi dazugeben und heiß werden lassen. Mit Salz, Pfeffer und Salbei abschmecken und anschließend mit einem großen Löffel verspeisen.

Schafskäsecreme

75 g	Schafskäse, geräuchert oder natur
50 g	Butter
2 EL	Mehl (gehäuft)
1	Schuss Weißwein
500 ml	Milch
	Salz
	Muskatnuss, gerieben

Schafskäse klein schneiden oder in kleine Stücke brechen. Butter in einer Pfanne schmelzen lassen, Mehl einrühren und anschwitzen lassen. Mit einem Schneebesen zuerst den Wein und dann die Milch einrühren, das ist wichtig, damit sich keine Klümpchen bilden. Die Sauce unter ständigem Rühren einkochen lassen, Schafskäse dazugeben und abschmecken.

Sollten sich doch Klümpchen bilden: Die Sauce (vor der Schafskäsezugabe) durch ein Sieb streichen und noch einmal aufkochen.

Zubereitungszeit: Gnocchi: **ca. 20 min**; Schafskäsecreme: **ca. 15 min**
Kochzeit: **ca. 5 min**

Orientalisch gewürzter Hokkaidokürbis
mit Zuckermais

2	Hokkaidokürbisse
2	Kolben Zuckermais
1 TL	ganzer Kreuzkümmel
1 TL	Korianderkörner
1 TL	Kardamom, gemahlen
1 TL	Königskümmel
2-3	Curryblätter, zerbröselt
1	Prise Zimt
	Salz
	Pfeffer aus der Mühle
2	Knoblauchzehen
	Olivenöl

Kürbis halbieren, entkernen und in grobe Spalten schneiden. Zuckermais vom Bart befreien und in zwei Zentimeter dicke Scheiben schneiden und anschließend in reichlich Salzwasser bissfest kochen, mit einem Siebschöpfer herausnehmen und kalt abschrecken. Das Backrohr auf 190 °C Heißluft vorheizen.

Gewürze mit den Knoblauchzehen in einen Mörser oder eine Moulinette geben, grob vermahlen und mit Olivenöl mischen.

Das Gemüse in eine ofenfeste Form setzen und mit der Gewürzpaste einstreichen. Kurz marinieren lassen und anschließend im Backrohr braten.

Zubereitungszeit: **ca. 20 min**
Marinierzeit: **mind. 10 min**
Backzeit: **30-40 min**

☞ Als Beilage passen cremige Polenta oder Erdäpfelpüree, aber auch frische Aioli und ein Ciabatta.
Je nach Jahreszeit kann man für dieses Gericht sein aktuelles Lieblingsgemüse verwenden!

Gebratene Rotkraut-Erdäpfel-Roulade
mit Vogerlsalat

1	kleiner Kopf Rotkraut
1/2	Zimtstange
je 2–3	Nelken und Wacholderbeeren
1 TL	Kardamom
1/16 l	Apfelsaft
1/16 l	Rotwein
1	Zwiebel
1 EL	Öl
2 TL	Honig
1	Portion Erdäpfelteig (zubereitet wie auf S. 213 beschrieben) mit Rote-Rüben-Püree eingefärbt

Vogerlsalat

200 g	Vogerlsalat
1/2	Radicchio
2 EL	Kürbiskerne
2	Äpfel
3 EL	Kürbiskernöl
3 EL	Kräuteressig
1 TL	Kürbiskernsenf
	etwas Honig
	Salz, Pfeffer
3 EL	Apfelsaft

Rotkraut halbieren, den Strunk entfernen und das Kraut in feine Streifen schneiden. Mild salzen und mit Gewürzen, Apfelsaft und Rotwein für mindestens dreißig Minuten (am besten über Nacht) marinieren.

Zwiebel ebenfalls in feine Streifen schneiden, in Öl anschwitzen und mit Honig karamellisieren. Mariniertes Rotkraut dazugeben, bei kleiner Flamme weichkochen und zum Schluss mit Salz und Pfeffer abschmecken. Vor der Weiterverarbeitung unbedingt kalt werden lassen. Am schnellsten geht das, wenn man das Kraut aus dem Topf auf ein Backblech leert, großzügig über die ganze Fläche verteilt und auf einen kalten Platz stellt, zum Beispiel auf den Balkon oder vor das offene Fenster.

Erdäpfelteig vorbereiten, das ausgekühlte Rotkraut darauf verteilen, einrollen und wie Serviettenknödel kochen. Wenn die Roulade fertig ist, gründlich abkühlen lassen. Dann in schräge Scheiben schneiden und in einer Pfanne mit Butter, Knoblauch und frischem Rosmarin bei mittlerer Hitze knusprig braten. Achtung: Wenn das Rotkraut verbrennt, schmeckt es bitter.

Den Salat waschen und in mundgerechte Stücke teilen. Die Kürbiskerne in einer Pfanne trocken knusprig rösten, die Äpfel in kleine Würfel schneiden. Mit etwas Zitronensaft beträufeln, damit sie nicht braun werden.

Kürbiskernöl, Essig, Senf, Honig, Salz und Apfelsaft mit einem Schneebesen zu einer Marinade verrühren, den Salat damit marinieren und abschmecken.

Den marinierten Salat in die Mitte des Tellers portionieren und drei Scheiben der Erdäpfelroulade dazulegen.

Zubereitungszeit: ca. 50 min
Auskühlzeit: ca. 20 min
Kochzeit: ca. 30 min

☞ Man kann die Erdäpfelroulade auch mit Pilzen und Schafskäse, Ratatouille, Spinat und vielem mehr füllen. Wer sie nicht rosa möchte, kann auch Kürbispüree oder Kräuterpesto färben oder sie ganz klassisch lassen.

Gebackener Butternusskürbis
mit Kräutern

1	Butternusskürbis
	Salz, Pfeffer
3	Eier
200 g	Mehl
200 g	Semmelbrösel
	frischer Thymian, Salbei und Oregano
500 ml	Öl zum Ausbacken

Butternusskürbis schälen, entkernen, in Scheiben schneiden und würzen. Eier aufschlagen, in einen tiefen Teller geben und mit einer Gabel verquirlen. Mehl und Semmelbrösel ebenfalls jeweils in einen tiefen Teller geben. Kräuter hacken und mit den Semmelbröseln vermischen. Kürbisscheiben zuerst in Mehl, dann in Ei und zuletzt in den Semmelbröseln wenden.

Öl in einer Pfanne erhitzen und den Kürbis herausbacken. Auf Küchenrolle geben, überschüssiges Öl abtropfen lassen und dann im Rohr bei 70 °C Ober- und Unterhitze warm stellen. Vor dem Essen noch einmal salzen.

Zubereitungszeit: **ca. 25 min**
Backzeit: **ca. 15 min**

☞ Als Beilage schmecken verschiedene Aioli, Sauerrahmdip und frische Blattsalate.

Das ausgekühlte Öl kann man nach dem Frittieren durch ein feines Sieb seihen und in ein sauberes Gefäß mit Deckel leeren. So kann man es ein weiteres Mal verwenden.

Statt dem Kürbis kann man auch Zucchini, Sellerie, Melanzani oder Pilze verwenden. Fleisch und Fisch eignen sich ebenfalls gut!

Rotkraut-Karotten-Blätterteigtaschen
mit sautiertem Chinakohl und Honigaioli

200 g	Mehl
200 g	Topfen
100 g	Butter
3	mittlere Karotten
1/2	Rotkraut
1	mittlere Zwiebel
1 EL	Öl
1 TL	Honig
	Salz
2	Wacholderbeeren
1	Prise Zimt
1 TL	Ingwer, frisch gerieben
1	Ei, verquirlt
	Sesam zum Bestreuen

Topfenblätterteig wie auf Seite 217 beschrieben vorbereiten und im Kühlschrank rasten lassen.

Karotten mit der Vierkantreibe grob reiben, den Strunk aus dem Rotkraut und dieses in feine Streifen schneiden. Zwiebel ebenfalls in feine Streifen schneiden. Öl in einer Pfanne erhitzen, Zwiebel darin glasig dünsten und mit Honig karamellisieren. Kraut und Karotten sowie Gewürze dazugeben. Etwas Wasser zugießen, zudecken und zusammenfallen lassen, das Kraut darf ruhig Biss behalten.

Rotkraut-Karotten-Fülle zum gründlichen Abkühlen auf ein Backblech leeren und an einen kalten Platz stellen, denn durch die Hitze schmilzt die Butter im Blätterteig, er lässt sich dann nicht verarbeiten.

Backrohr auf 180 °C Heißluft vorheizen. Den Topfenblätterteig auf einer bemehlten Arbeitsfläche mit dem Nudelholz drei bis vier Millimeter dünn ausrollen. Mit einem Messer acht mal fünf Zentimeter große Rechtecke schneiden und diese mit Ei bestreichen. Dann das ausgekühlte Gemüse auf den Blätterteig geben, den rechten und linken Rand einschlagen, ebenfalls mit Ei bestreichen und einrollen. Auf ein mit Backpapier ausgelegtes Backblech setzen, mit einer Gabel zweimal einstechen, noch einmal mit Ei bestreichen und mit Sesam bestreuen. Im Backrohr circa zwanzig Minuten knusprig backen.

Sautierter Chinakohl

1	Chinakohl
1	kleine Zwiebel
2	Knoblauchzehen
	Salz, Pfeffer

In der Zwischenzeit den Chinakohl in daumenbreite Streifen schneiden. Zwiebel und Knoblauch fein schneiden und in einem Wok mit Olivenöl anschwitzen. Chinakohl dazugeben, schwingend durchrösten – der Chinakohl soll bissfest bleiben. Mit Salz und Pfeffer abschmecken.

Honigaioli, zubereitet wie beim klassischen Knoblauchaioli auf Seite 134 beschrieben.

Knusprige Polentanockerl
mit cremigem Sellerie-Apfel-Nuss-Salat

500 ml	Gemüsefond
500 ml	Milch
40 g	Butter
2 TL	Rosmarin, gehackt
	Salz, Pfeffer
	Muskatnuss, gerieben
300 g	Polenta
70 ml	Weißwein
70 ml	Gemüsefond

Das Backrohr auf 170 °C Heißluft vorheizen. Gemüsefond und Milch mit Butter, gehacktem Rosmarin, Salz, Pfeffer und Muskatnuss aufkochen. Polenta einrieseln und unter ständigem Rühren aufkochen lassen, dann vom Herd nehmen, bis sie aufgequollen ist. Mit zwei Esslöffeln aus der Polentamasse Nockerl formen und in eine ofenfeste Form setzen. Mit Weißwein und Gemüsefond untergießen und im Backrohr knusprig braten.

Sellerie-Apfel-Nuss-Salat

1/2	Sellerieknolle
2	säuerliche Äpfel
50 g	Walnusskerne
250 ml	Sauerrahm
100 g	Joghurt
	Salz, Pfeffer
30 g	Vogerlsalat

Den Sellerie gut waschen und schälen. Zuerst in dünne Scheiben, danach in nudelige Streifen schneiden. Äpfel waschen, entkernen und wie mit dem Sellerie verfahren. Walnüsse trocken anrösten, bis sich ein Aroma entwickelt, und anschließend hacken. Sellerie, Äpfel und Nüsse mit Sauerrahm und Joghurt vermischen, abschmecken und durchziehen lassen. Vogerlsalat waschen, trockentupfen, grob hacken und vor dem Anrichten unter den Salat mischen.

Zubereitungszeit: **ca. 30 min**
Backzeit: **ca. 15 min**

☞ Am besten die Polentanockerl heiß und den Salat zimmerwarm servieren.

Sauerkrautlasagne

200 g	Mehl
2	Eier
3 EL	Öl
1 TL	Salz
3 TL	Paprikapulver (gehäuft)
1 Msp.	Chilipulver
750 g	Sauerkraut
	Kümmel, Wacholderbeeren
	Salz, Pfeffer
2	mehlige Erdäpfel, geschält
500 g	Sauerrahm
2	Handvoll Käse, gerieben, zum Überbacken

Nudelteig herstellen (wie auf Seite 219 beschrieben) und zugedeckt im Kühlschrank rasten lassen.

Das Sauerkraut waschen und grob schneiden, anschließend mit den Gewürzen in einen Topf geben und zugedeckt erhitzen. Geschälte Erdäpfel fein reiben, als Bindemittel zum Sauerkraut geben, gut durchrühren und verkochen lassen.

Zuletzt mit Sauerrahm verrühren und abschmecken, danach nicht mehr aufkochen lassen.

Nudelteig portionsweise mit der Nudelmaschine (Stufe 6) ausrollen und in beliebig große Lasagneblätter schneiden. Dann eine Auflaufform einfetten und abwechselnd Nudelblätter und Sauerkraut einschichten. Mit Sauerkraut abschließen, mit Käse bestreuen und im vorgeheizten Backrohr bei 180 °C Heißluft circa dreißig Minuten überbacken.

Zubereitungszeit: **ca. 35 min**
Kochzeit: Sauerkraut: **ca. 25 min**; Lasagne: **ca. 30 min**

Topfenlaibchen
mit Kürbisgemüse

1	Stange Lauch
2	Knoblauchzehen
1	Karotte
20 g	Butter
500 g	Topfen
2	Eier
4 EL	Haferflocken
4 EL	Dinkelflocken
1/2	Bund Oregano, gehackt
1/2	Bund Dill, gehackt
	Salz, Pfeffer
	Chilipulver nach Geschmack
	etwas Mehl zum Ausformen der Laibchen
	Öl zum Braten

Das Backrohr auf 180 °C vorheizen und ein Backblech mit Backpapier auslegen. Den Lauch halbieren und in feine Ringe schneiden. Knoblauch fein hacken, Karotte schälen und grob reiben. Gemüse in Butter anschwitzen und zum Topfen geben, anschließend Eier, Flocken und gehackte Kräuter untermischen. Würzen und quellen lassen.
Mit bemehlten Händen Laibchen formen. In Öl anbraten und im Rohr fertigbraten.

Zubereitungszeit: **ca. 25 min**
Quellzeit: **ca. 15 min**
Bratzeit: **ca. 20 min**

Faschierte Laibchen

1	Zwiebel
1	Knoblauchzehe
20 g	Butter
2	Essiggurken
2	Eier
1 TL	Senf
1 TL	Ketchup
1/2 TL	Kümmel, gemahlen
	Salz, Pfeffer
	Schale von 1 Zitrone, abgerieben
500 g	Rinder- oder Lamm-faschiertes

Das Backrohr auf 180 °C vorheizen und ein Backblech mit Backpapier auslegen. Zwiebel und Knoblauch fein hacken und in Butter anrösten. Essiggurken fein reiben, mit den restlichen Zutaten zum kühlschrankkalten Faschierten geben und rasch durchkneten. Mit kalten, feuchten Händen Laibchen formen und in Öl anbraten. Auf das Backblech legen und im Rohr fertigbraten.

Zubereitungszeit: **ca. 15 min**
Bratzeit: **ca. 25 min**

☞ Man kann auch geriebenen Käse in die Fleischmasse geben.

Kürbisgemüse

1		kleine Zwiebel
1		Knoblauchzehe
1		mittlerer Butternusskürbis
2	EL	Olivenöl
2		Schuss Essig
200	ml	Gemüsefond
2		Lorbeerblätter
1/2	TL	Kreuzkümmel, gemahlen
		Salz, Pfeffer

Zwiebel und Knoblauch fein hacken. Kürbis schälen, entkernen und in circa einen Zentimeter große Würfel schneiden. Zuerst Zwiebel und Knoblauch in Öl anbraten, Kürbiswürfel dazugeben und ebenfalls anbraten. Mit Essig ablöschen und mit Gemüsefond und Lorbeer bissfest dünsten. Abschmecken und warm servieren.

Zubereitungszeit: **ca. 10 min**
Kochzeit: **ca. 15 min**

Überbackene Topfenschupfnudeln
mit rosa Wurzelgemüseragout

2	Portionen Topfenteig, zubereitet wie auf Seite 215 beschrieben
1	orange Karotte
1	gelbe Karotte
1	kleine Rote Rübe
1	mittlere Pastinake
1/4	Sellerieknolle
1	mittlere Petersilienwurzel
1/2	Stange Lauch
2	Knoblauchzehen
2 EL	Olivenöl
2 EL	Mehl
70 ml	Rotwein
200 ml	Gemüsefond
	getrocknete Kräuter wie Rosmarin, Thymian und Salbei
2	Lorbeerblätter
	Salz, Pfeffer
250 ml	Sauerrahm
	Saft von 1 Zitrone
1	Bund Petersilie
2 EL	Semmelbrösel
70 g	Käse zum Überbacken

Topfenteig wie auf Seite 215 beschrieben herstellen und zu Schupfnudeln formen. In reichlich Salzwasser kochen, abseihen, abschrecken und zur Seite stellen. Backrohr auf 180 °C Heißluft vorheizen.

Das Gemüse waschen, schälen und in kleine Würfel schneiden, den Lauch in feine Ringe, den Knoblauch fein hacken. Olivenöl erhitzen, Lauch und Knoblauch anrösten. Nach und nach das Gemüse zugeben und kurz anrösten. Das Gemüse dann mit Mehl bestäuben, mit Rotwein ablöschen und mit Gemüsefond aufgießen. Gemüseragout mit getrockneten Kräutern, Lorbeerblättern, Salz und Pfeffer bissfest dünsten. Anschließend den Sauerrahm unterrühren, einkochen lassen und mit Zitronensaft abschmecken. Petersilie fein hacken. Schupfnudeln, Gemüseragout und gehackte Petersilie vermischen.

Eine ofenfeste Form mit Olivenöl auspinseln und mit Semmelbrösel ausstreuen.

Schupfnudeln und Gemüseragout in der Form verteilen, Käse darüberstreuen und überbacken.

Zubereitungszeit: **ca. 50 min**
Backzeit: **ca. 25 min**

☞ Gemeinsam mit frischen Blattsalaten oder mit einem Karotten-Rettich-Salat mit Schwarzkümmel und Hanföl servieren.

Der Karotten-Rettich-Salat ist schnell gemacht. Einfach Karotten und Rettich der Länge nach in feine Streifen schneiden und mit Hanföl, Himbeerbalsamessig, Salz, Pfeffer und 2 TL Schwarzkümmel abschmecken. Bis die Nudeln überbacken sind, ist der Salat gut durchgezogen. Er ist eine erfrischende Ergänzung zu den Topfenschupfnudeln.

Gebratene Tandoori-Erdäpfel-Bällchen
mit Wurzelgemüse

750 g	mehlige Erdäpfel
200 g	Wurzelgemüse
1	kleine rote Zwiebel
2	Eier
150 g	Mehl
2 TL	Tandoorigewürz-mischung
	Salz, Pfeffer
	Öl zum Anbraten oder Frittieren

Erdäpfel schälen, vierteln und in Salzwasser kochen, anschließend abseihen und im warmen Backrohr bei circa 50 °C Heißluft und spaltbreit offener Backrohrtür ausdampfen lassen. Anschließend die Erdäpfel durch eine Erdäpfelpresse drücken. Das Wurzelgemüse fein reiben, ausdrücken und mit den Erdäpfeln vermischen. Die Zwiebel fein hacken. Die übrigen Zutaten unter die Erdäpfel-Gemüse-Masse mischen, gut abschmecken und kleine Bällchen formen.

Die Bällchen in Öl anbraten oder frittieren. Das überschüssige Fett vor dem Essen mit einer Küchenrolle abtupfen und im Backrohr warm halten.

Man kann die Erdäpfelbällchen als Beilage zu Curries essen oder sie mit einer scharf gewürzten Paradeisersauce überziehen.

Zubereitungszeit: **ca. 25 min**
Erdäpfel kochen: **ca. 20 min**
Bratzeit: insgesamt **ca. 20 min**

☞ Wir verwenden meist orange und gelbe Karotten sowie Pastinaken! Im Sommer harmonieren die Bällchen auch mit Gurkenjoghurt und Baba Ganoush.

Kaspressknödel
mit Curry-Apfel-Sauerkraut

300 g	Brotwürfel
350 ml	Milch
2	Eier
150 g	Bergkäse
	frische Kräuter nach Bedarf, Geschmack und Verfügbarkeit
	Salz
	Muskatnuss, gerieben
1	kleine Zwiebel
50 g	Butter

Die Brotwürfel mit lauwarmer Milch übergießen und stehen lassen, bis sie sich vollgesogen haben. Eier, Käse, Kräuter und Gewürze zum Brot geben. Die Zwiebel hacken und in Butter hellbraun anrösten, dann unter die Brotmasse mischen und quellen lassen.

Aus der Masse kleine Laibchen formen (erst kleine Knödel und dann flach drücken), diese in einer Pfanne anbraten und auf einem Backblech im Rohr fertigbacken.

Zubereitungszeit: **ca. 15 min**
Quellzeit: **2 x 15 min**
Backzeit: **ca. 20 min**

Curry-Apfel-Sauerkraut

600 g	Sauerkraut
	Salz, Pfeffer
2 TL	Currypulver
	Kümmel, Wacholderbeeren
3	Schöpfer Gemüsefond
3	mehlige Erdäpfel
3	Äpfel

Sauerkraut abspülen, mit den Gewürzen in einen Topf geben und zugedeckt mit Gemüsefond erhitzen. Erdäpfel schälen und fein reiben. Äpfel mit Schale entkernen und in Würfel schneiden. Beides zum Sauerkraut geben, durchrühren und verkochen lassen. Vor dem Servieren noch einmal gut abschmecken.

Zubereitungszeit: **ca. 10 min**
Kochzeit: **ca. 40 min**

Rote-Zwiebel-Quiche
mit Mangold

200 g	Mehl
100 g	Butter, grob gerieben
5	Eier
2 EL	Sesam
	Salz
4	große rote Zwiebeln
400 g	Mangold
2	Knoblauchzehen
	Butter zum Anbraten und für die Form
1 EL	Honig
	Salz, Pfeffer
	Muskatnuss, gerieben
200 ml	Sauerrahm
100 ml	Milch
70 g	Käse zum Überbacken

Aus Mehl, grob geriebener kalter Butter, 2 Eiern, Sesam und einer Prise Salz einen Mürbteig herstellen und im Kühlschrank rasten lassen.

Zwiebel schälen und in feine Streifen schneiden, Mangold waschen und ebenfalls in feine Streifen schneiden, Knoblauch hacken. Butter in einer Pfanne zerlassen, Zwiebel anrösten, mit Honig karamellisieren und anschließend weichdünsten. Mangold mit Knoblauch in einer zweiten Pfanne anrösten und zusammenfallen lassen, dann überkühlen lassen und abschmecken.

Das Backrohr auf 180 °C Heißluft vorheizen und eine Quicheform mit flüssiger Butter bestreichen. Auf einer bemehlten Arbeitsfläche den Mürbteig einen halben Zentimeter dick rund ausrollen und in die Quicheform passen. Den überschüssigen Teig auf Höhe des Randes abschneiden. Teig mit einer Gabel mehrmals einstechen und im Backrohr circa zehn Minuten vorbacken.

In der Zwischenzeit Sauerrahm, Milch und 3 Eier mit dem Schneebesen verrühren und gut abschmecken. Quiche aus dem Rohr nehmen, das Gemüse auf dem Teig verteilen, die Eiermischung darübergießen, mit geriebenem Käse bestreuen und fertigbacken.

Zubereitungszeit: **ca. 30 min**
Rastzeit: **ca. 25 min**
Backzeit: **45–55 min**

☞ Wir bereiten die Quiche auch mit Lauch, Spinat und Schafskäse zu!

Gefüllte Erdäpfelknödel
mit Mangold und Haferflockenbröseln

300 g	Brotwürfel
500 g	mehlige Erdäpfel, gekocht
200 g	Mehl
50 g	Dinkelgrieß
2	Eier
	Salz, Muskat
250 g	Mangold
1	Zwiebel
2	Knoblauchzehen
2 EL	Öl
50 ml	Weißwein
	Salz, Pfeffer
	Muskatnuss, gerieben

Erdäpfelteig wie auf Seite 213 beschrieben zubereiten, Mangold waschen und klein schneiden.

Zwiebel und Knoblauch ebenfalls fein hacken und in Öl anschwitzen. Mangold dazugeben, mit Weißwein ablöschen und zugedeckt weichdünsten. Abschmecken und auskühlen lassen.

Knödel wie auf Seite 214 beschrieben füllen und ausarbeiten, in Salzwasser kochen und anschließend in Haferflockenbröseln rollen.

Zubereitungszeit: **ca. 25 min**
Rastzeit: **ca. 30 min**
Kochzeit: **ca. 30 min**

Haferflockenbrösel

100 g	Butter
50 g	Semmelbrösel
50 g	Haferflocken
	Salz

Butter in einer Pfanne schmelzen, Brösel und Haferflocken einrühren und würzen. Ganz leicht anrösten - vorsichtig, die Brösel können sehr schnell verbrennen.

Zubereitungszeit: **ca. 10 min**

☞ Die Brösel kann man auch mit gemahlenen Nüssen oder Kürbiskernen zubereiten oder für Süßspeisen mit Zucker abschmecken.

Polentapizza
mit Kürbis, Zucchini und Rucola

2	Tassen Gemüsefond
	Salz, Pfeffer
1	Tasse Polenta
50 g	Butter
1/2	Hokkaidokürbis
1/2	Zucchini
1/4	Stange Lauch
1/2	Portion fruchtige Paradeisersauce, zubereitet wie auf Seite 71 betrieben
	Salz, Pfeffer
1/2	Bund Oregano
70 g	Käse zum Überbacken
	Rucola zum Garnieren

Gemüsefond würzen und zum Kochen bringen. Polenta und Butter mit einem Schneebesen einrühren, aufkochen und zugedeckt quellen lassen. Backrohr auf 200 °C Ober- und Unterhitze vorheizen und ein Backblech mit Backpapier auslegen.

Polenta auf das Backblech leeren und gleichmäßig verstreichen. Hokkaidokürbis in dünne Spalten, Zucchini und Lauch in Scheiben schneiden. Paradeisersauce auf dem Pizzaboden verstreichen und das Gemüse darauf verteilen, würzen, zuletzt mit Oregano und Käse bestreuen und ins Backrohr schieben.

Vor dem Servieren gewaschenen und abgetropften Rucola auf der Pizza verteilen und noch einmal mit Olivenöl beträufeln.

Zubereitungszeit: **ca. 25 min**
Backzeit: **ca. 20 min**

☞ Beim Pizzabelag kann man seiner Fantasie freien Lauf lassen und ausprobieren, was am besten schmeckt.

Karottenkuchen

170 ml	Öl
4	Eier
150 g	Zucker
1 TL	Vanillezucker
1	Prise Zimt
500 g	Karotten
300 g	Mehl
2 TL	Backpulver
60 g	Nüsse, gerieben
	Marmelade zum Glasieren
	Nüsse zum Bestreuen

Backrohr auf 190 °C Heißluft vorheizen, eine Kuchenform mit flüssiger Butter ausstreichen und mit Mehl ausstreuen. Öl, Eier, Zucker, Vanillezucker und Zimt mit dem Handmixer aufschlagen. Dann die Karotten fein reiben, ausdrücken und zur Eiermischung geben. Anschließend Mehl mit Backpulver und Nüssen vermischen und unter die Eiermischung rühren. Die Masse in die Kuchenform füllen und im Backrohr backen. Wenn der Kuchen fertig ist, aus der Form auf ein Kuchengitter stürzen, mit lauwarmer Marmelade glasieren und mit Nüssen bestreuen.

Zubereitungszeit: **ca. 15 min**
Backzeit: **50–60 min**

☞ Dieser wirklich ganz einfache Kuchen ist beliebig abwandelbar. Man die Karotten durch Kürbis, Zucchini, Rote Rüben, Äpfeln, gelbe Karotten oder Pastinaken ersetzen. Auch bei den Nüssen kann man nehmen, was einem gerade am besten schmeckt.

Mohn-Apfel-Kuchen
mit Zimtstreuseln

150 g	Topfen
150 g	Mehl
75 g	Butter
	Salz
1,2 l	Milch
	Salz
1 TL	Vanillezucker
100 g	Zucker
	Schale von 1 Zitrone, abgerieben
50 g	Butter
180 g	Mohn, gemahlen
75 g	Dinkelgrieß
	Rum nach Geschmack
1 Pkg.	Vanillepuddingpulver
1	Ei
4	mittlere Äpfel
50 g	Butter
50 g	Staubzucker
2 TL	Zimt
100 g	Dinkelmehl
1	Ei

Aus Topfen, Mehl, Butter und Salz wie auf Seite 217 beschrieben einen Topfenblätterteig zubereiten und kalt stellen.

900 ml Milch mit einer Prise Salz, Vanillezucker, Zucker, Zitronenschale und Butter aufkochen, Mohn und Dinkelgrieß einrühren, mit Rum abschmecken und abkühlen lassen. Aus der restlichen Milch einen Vanillepudding kochen, kurz überkühlen lassen, dann das Ei einrühren. Äpfel schälen, in Scheiben schneiden und eventuell mit Zitronensaft beträufeln, damit sie nicht braun werden.

Für die Streusel Butter zerlassen und mit Staubzucker, Zimt, Dinkelmehl und dem Ei verrühren.

Den Topfenblätterteig auf einer bemehlten Unterlage ausrollen und in eine gefettete Tortenform legen, den Rand circa zwei Zentimeter hochziehen. Vanillepuddingcreme auf dem Tortenboden verteilen, anschließend die Apfelscheiben, dann die Mohnmasse und zum Schluss die Zimtstreusel.

Den Kuchen im vorgeheizten Backrohr bei 180 °C Heißluft circa vierzig bis fünfzig Minuten backen. Vor dem Anschneiden auskühlen lassen.

Zubereitungszeit: **ca. 30 min**
Abkühlzeit Mohnmasse: **ca. 15 min**
Backzeit: **40-50 min**

☞ Wer einmal Zeit und Muße hat, kann Unmengen davon machen. Der Kuchen eignet sich hervorragend zum Einfrieren.

Gebackene Topfentorte

75 g	Butter
6	Eier
750 g	Topfen (20 % F.i.T oder Magertopfen)
100 g	Staubzucker
2 TL	echter Vanillezucker
1	Schuss Rum
	Schale von 1 Zitrone, abgerieben
	Salz
2 Pkg.	Vanillepuddingpulver
100 g	Kristallzucker

Butter in einem kleinen Töpfchen zerlassen, Eier sorgfältig in Eiweiß und Eidotter trennen.

Topfen mit Staubzucker, zerlassener Butter, Eidotter, Vanillezucker, Rum, der abgeriebenen Zitronenschale und etwas Salz mit dem Handmixer rasch verrühren.

Puddingpulver durch ein feines Sieb zum Topfenabtrieb streuen und ebenfalls einrühren.

Anschließend das Eiweiß mit Kristallzucker zu steifem Schnee schlagen. Dabei auf zwei Dinge achten. Erstens sollte das Gefäß fettfrei und sauber sein, ideal ist eine Metallschüssel. Zweitens: den Kristallzucker erst einrühren, wenn beim Schlagen des Eiweißes bereits weißer Schaum entstanden ist. So wird der Schnee wirklich schön steif.

Den Eischnee nun vorsichtig unter die Topfenmischung heben und in eine ausgefettete Backform leeren, dann im Backrohr bei 170 °C Heißluft für circa eine Stunde backen.

Zubereitungszeit: **20 min**
Backzeit: **ca. 60 min**

☞ Die Topfentorte eignet sich für viele Variationen. Man kann beispielsweise einen Mürbteig als Boden verwenden. Diesen circa fünfzehn Minuten vorbacken (wird auch blind backen genannt), ehe man die Topfenmasse darauf verteilt.

Je nach Jahreszeit kann man auch frische Früchte unter den Teig mischen – Äpfel, Birnen, Weintrauben, Marillen, Zwetschken, Erdbeeren, Himbeeren, Schwarzbeeren – was immer schmeckt. Verwendet man tiefgekühltes Obst, sollte man dieses unbedingt antauen lassen und vor dem Untermischen mit Puddingpulver bestreuen, um die austretenden Säfte zu binden.

Für alle Schokoladefans: Man kann auch klein gehackte Schokolade in die Topfenmasse mischen.

Apfelgitterkuchen

200 g	Topfen
100 g	Butter
200 g	Mehl
	Salz
	etwas flüssige Butter und Mehl zum Ausfetten und Bemehlen der Tortenform
1 kg	Äpfel
	Vanillezucker
	Zimt
1	Ei zum Bestreichen

Aus Topfen, Butter, Mehl und Salz wie auf Seite 217 beschrieben einen Topfenblätterteig herstellen und diesen im Kühlschrank rasten lassen. Äpfel waschen, entkernen und grob reiben. In einer Pfanne weichdünsten und mit Vanillezucker und Zimt würzen. Apfelmasse auf ein Backblech leeren und auskühlen lassen.

In der Zwischenzeit einen Tortenring ausfetten und bemehlen, damit der Kuchen dann leichter aus der Form zu bringen ist. Den Topfenblätterteig auf einer bemehlten Fläche mit einem Nudelholz circa vier Millimeter dick ausrollen. Den Tortenring auf den Teig stellen und mit einer Zugabe von zwei Zentimetern um den Ring schneiden. Den Teig nun in die Form legen und den Rand hochziehen. Restlichen Teig erneut quadratisch ausrollen und in einen halben Zentimeter breite Streifen schneiden. Die gedünsteten, ausgekühlten Äpfel im Tortenring verteilen, den überstehenden Rand mit Hilfe eines Messers auf die Äpfel drücken. Die Teigstreifen gitterartig über den Kuchen legen

Mit Ei bestreichen und im vorgeheizten Backrohr bei 180 °C Heißluft backen.

Zubereitungszeit: **ca. 50 min** (inkl. Wartezeiten)
Backzeit: **25-30 min**

Grundrezepte

Gemüsefond

500 g	Wurzelgemüse
1	kleine Zwiebel
2	Knoblauchzehen mit Schale, zerdrückt
2 EL	Öl
1	Glas Weißwein
3	Lorbeerblätter
	Wacholder, Pfefferkörner
	Kräutersträußchen: Liebstöckl, Thymian, Rosmarin, Majoran, Salbei
	Salz
	Muskatnuss, gerieben
	Macis (Muskatblüte)

Das Gemüse waschen und in walnussgroße Stücke schneiden, Zwiebel in einer Pfanne ohne Öl dunkel rösten. Dann in einem großen Suppentopf Öl erhitzen, darin das Gemüse anrösten. Mit Weißwein ablöschen, Zwiebel und Gewürze dazugeben, mit kaltem Wasser auffüllen und leicht wallend kochen lassen.

Suppe zuletzt durch ein Sieb gießen, mit Salz und Muskatnuss pikant abschmecken.

Zubereitungszeit: **ca. 15 min**
Kochzeit: **mind. 60 min** (je länger desto besser wird das Gemüse ausgekocht und intensiver wird der Fond)

Der Gemüsefond ist die Basis für alle Suppen, Saucen, Ragouts, Curries und Risotti. Er verleiht er dem jeweiligen Gericht eine gewisse Tiefe und Vollmundigkeit. So kann man ganz leicht auf Suppenwürfel oder andere glutamathaltige (auch Hefeextrakt ist Glutamat) Gemüsegranulate verzichten. Wir kochen täglich mehrere Liter, und wenn wir viel überschüssiges Gemüse haben, wird auf Vorrat gleich mehr eingekocht. Der Gemüsefond hält sich einige Tage im Kühlschrank und lässt sich gut einfrieren. Je nach Geschmack kann man von einem Gemüse oder Gewürz mehr oder weniger verwenden.

Mit Sherry, Salz und einer weiteren Prise Muskatnuss ergibt er auch eine herrliche klare Suppe, in die man von Nudeln über Grießnockerl und Frittaten bis hin zu Leberknödeln oder Kaspressknödeln alles einlegen kann.

☞ Wir kochen den Fleischfond aus verschiedenen Knochen - je nachdem, wie wir ihn weiterverwenden. Ein Jus lässt sich in größeren und kleineren Behältern einfrieren. Praktisch ist es, einen Teil in Eiswürfelbehältern einzufrieren, so kann man zu einem Rindersteak oder Rehschnitzel rasch eine Sauce bereiten.

— Dunkler Fleischfond – Jus —

Der braune Fleischfond, im Fachjargon Jus genannt, ist die Grundlage für braune Saucen zu Steaks oder kurz gebratenem Fleisch. Außerdem ist er das essentielle Aufgussmittel für Ragouts, gedünstete Schnitzel oder Braten.

1 kg	Fleischknochen
500 g	Wurzelgemüse
1	Zwiebel
3	Knoblauchzehen
2 EL	Sonnenblumenöl
2 TL	Paradeismark
250 ml	Rotwein
je 2-3	Zweige Thymian, Rosmarin und Salbei
2	Lorbeerblätter
4	Wacholderbeeren, angequetscht
3	Pimentkörner, angequetscht
1 TL	Pfefferkörner

Fleischknochen waschen und trockentupfen, Wurzelgemüse ebenfalls waschen und mit Schale in circa einen Zentimeter große Würfel schneiden. Zwiebel mit Schale vierteln, Knoblauchzehen mit Schale halbieren. Die Knochen in einem großen Topf mit Öl sorgfältig bei mittlerer Hitze rundherum braun anbraten, dann das Wurzelgemüse dazugeben und mitbraten, zuletzt Zwiebel und Knoblauch kurz mitbraten. Paradeismark dazugeben, gut verteilen und anrösten. Anschließend mit der Hälfte des Rotweins ablöschen und den Bratensatz mit Hilfe eines Pfannenwenders vom Topfboden lösen. Rotwein einkochen und erneut ablöschen. Alles zusammen soll eine schöne braune Farbe haben.

Mit kaltem Wasser aufgießen, Gewürze und Kräuter dazugeben und unter regelmäßigem Rühren kochen lassen. Fond bis zur Hälfte einkochen und noch einmal mit Wasser aufgießen, dann erneut zur gewünschten Konsistenz kochen lassen. Durch ein Sieb abseihen und weiterverwenden.

Je länger man den Jus einkocht, desto intensiver wird er im Geschmack, was sich für Steaksaucen oder bei einem schnellen Geschnetzelten besonders auszahlt. Die Saucen kann man dann mit Pfefferkörnern, Rahm, Pilzen oder Kräutern verfeinern. In der Sauce von Wildgerichten schmecken auch Brombeeren oder Preiselbeeren sehr gut.

Verwendet man den Jus als Aufgussmittel für einen gedünsteten Hirschbraten oder ein feines Rindsragout, braucht man ihn nicht so lange einzukochen, da er durch das nochmalige Kochen mit einem schönen Stück Fleisch an Geschmack gewinnt.

Zum Eindicken von Bratensaucen verwendet man am besten mit Rotwein verrührte Maisstärke. Alternativ kann man 25 g Butter mit 25 g Mehl verkneten und einrühren.

Zubereitungszeit: **25-40 min**
Kochzeit: **1,5-2 Std.**

Einfacher Brotteig

MIT FRISCHEM GERM

500 g	Mehl
1/2	Würfel frischer Germ
250–300 ml	lauwarmes Wasser
3–4 EL	Pflanzenöl
2 TL	Salz

Das Mehl in eine Schüssel geben, den Germ darüberbröseln, dann Wasser, Öl und Salz dazugeben. Mit einer Hand die Schüssel festhalten und mit der anderen die Zutaten zu einem glatten und geschmeidigen Teig verkneten, eventuell noch Wasser oder Mehl dazugeben.

Teig in der Schüssel an einem warmen Ort zugedeckt gehen lassen. Das Teigvolumen vergrößert sich und der Teig bekommt Geschmack.

Nach dem Gehen den Teig wieder gut durchkneten. Nun kann man ihn entweder weiterverarbeiten oder ein weiteres Mal gehen lassen.

Vor dem Backen lässt man den ausgearbeiteten Teig noch einmal circa dreißig Minuten gehen. Anschließend kommt er bei 180–200 °C Heißluft ins Backrohr.

Zubereitungszeit: **ca. 10 min**
Rastzeit: **2 x ca. 30 min**
Backzeit: **20–50 min**

TIPPS UND TRICKS
FÜR EIN PERFEKTES ERGEBNIS

Frisches Brot zu backen ist nicht besonders schwer – dafür aber ein wunderbares und kreatives Erlebnis. Wenn einen die Backbegeisterung erwischt einmal hat, möchte man gar nicht mehr aufhören. Hier noch einige Tipps, Tricks und Ideen, damit euer Brot perfekt gelingt.

Wir verwenden **immer frischen Germ**. Man kann ihn leicht besorgen und er nimmt kaum Platz im Kühlschrank weg. Außerdem riecht er besser und der Teig geht im Gegensatz zu Trockengerm viel schneller – man kann den Brotteig auch schon nach dem ersten Gärgang weiterverarbeiten.

Bei der Mengenangabe haben wir bewusst **kein spezielles Mehl oder Pflanzenöl** angegeben. Probiert euch aus und findet selbst heraus, was ihr am liebsten mögt! Mischt verschiedene Mehle und verwendet auch unterschiedliche Öle! Kürbiskernöl färbt den Teig zum Beispiel schön grün (hier empfiehlt es sich aber, zum Teil geschältes Mehl zu verwenden.) Anstelle von Öl können auch frische Pestos untergemischt werden.

Auch bei der **Flüssigkeitsmenge** kann man selbst **variieren**. Frisches Vollkornmehl braucht mehr Wasser als Auszugsmehl, die Luftfeuchtigkeit kann den Brotteig ebenfalls geringfügig beeinflussen. Am besten immer etwas mehr Mehl bei der Hand haben. Man kann auch mit Milch, Joghurt, Buttermilch, Topfen, Bier, Wein und Obst- bzw. Gemüsesäften experimentieren.

Um das **Brot gehaltvoller** zu **machen**, kann man auch unterschiedliche Saaten (Sesam, Leinsamen ...),

Körner (Sonnenblumenkerne, Kürbiskerne ...) oder Nüsse verwenden. Hafer- bzw. Dinkelflocken ergänzen den Teig genauso gut wie Hirse oder Grieß. Teilweise wird der Teig dadurch sogar noch flaumiger. Geriebenes Gemüse oder Obst kann man ebenfalls in den Teig einarbeiten und zusätzliche Geschmacks- und Farbakzente setzen. Dazu sollte es möglichst trocken sein, am besten drückt man es fest aus. Den dadurch gewonnenen Saft entweder trinken oder als Flüssigkeit für den Teig verwenden.

Es gibt zahlreiche Möglichkeiten, einen Brotteig auszuformen. Es lassen sich runde und ovale Laibe, Stangen oder Striezel formen. Man kann den Teig als Flade, Schnecke, Tasche oder in einer Backform (Kasten, Torten, Rehrückenform ...) backen. Man kann auch unterschiedliche kleine Weckerl formen und diese lose oder in einer Muffinform backen.

Vor dem Backen kann man den Rohling mit Wasser, zerlassener Butter, verschlagenem Ei oder Ölen bestreichen - auch damit kann man die Farbe nuancieren. Wenn ihr das Brot mit Kräutern, Saaten oder ähnlichem bestreuen wollt, eignet sich erfahrungsgemäß eine Ei-Zucker-Mischung (1 Ei, 1 TL Zucker) am besten. Wir haben uns immer darüber geärgert, dass der Großteil der Saaten beim Aufschneiden herunterpurzelt, durch den Zucker bleiben sie jedoch aber schön am Brot kleben.

Zuletzt wollen wir noch über das **Mysterium „Dampfl"**, auch Gärprobe genannt, und das Gehen-Lassen aufklären. Von vielen Kundinnen und Kunden wissen wir, dass sie sich nie an einen Germteig, ob nun süß oder für Brot, gewagt haben, weil ihnen das Dampfl Kopfzerbrechen bereitet. Alles halb so schlimm! Das Dampfl kommt noch aus einer Zeit, in der die Kühlmöglichkeiten und auch die Frische der Lebensmittel nicht auf dem Standard waren, den wir heute genießen. Das Dampfl, im Fachjargon als Gärprobe bezeichnet, hat den Sinn, einfach und schnell überprüfen zu können, ob der Germ auch wirklich

geht. Man verrührt ihn mit etwas Mehl und Flüssigkeit zu einem Brei und wartet, ob sich Blasen bilden und das Volumen sich vergrößert.

Ein solches Dampfl zu machen ist vor allem dann sinnvoll, wenn man große Mengen Mehl verarbeiten möchte. Sollte der Germ nämlich wider Erwarten einmal nicht gären, muss man nicht den kompletten Teig wegwerfen, sondern nur frischen Germ besorgen. Wir bröseln, wie oben beschrieben, den Germ immer über das Mehl. Im Knetprozess löst er sich auf und beginnt fleißig zu arbeiten.

Nun möchten wir noch ein paar Worte über **das berühmt-berüchtigte Gehen-Lassen** verlieren. Grundsätzlich sollte man einen Teig immer ruhen lassen. Das hat mehrere Gründe. Zum einen kann sich der Teig von der mechanischen Einwirkung der Knetens und Drückens erholen und entspannen. Der Germ bewirkt außerdem, dass der natürlich im Getreide vorkommende Zucker in Alkohol und CO_2 umgesetzt wird und sich dadurch das Volumen des Teiges vergrößert - und ist zudem geschmacksbildend. Je länger man einen Teig gehen lässt, desto intensiver wird das Brot im Geschmack. Es gibt Brote, die das wunderbar beweisen, etwa Pizzateig oder Ciabatta.

Man kann den Brotteig auch im Kühlschrank gehen lassen (Pizzateig ist dafür zum Beispiel bestens geeignet). Das dauert einerseits länger, weil die Hefesporen in der Kälte weniger aktiv sind. Man muss sich andererseits aber keine Sorgen machen, dass der Teig über die Schüssel hinauswachsen könnte - durch das Gehen im Kühlschrank wird er feinporiger und weniger geschmacksintensiv.

Am besten beginnt man beherzt mit dem Brotbacken und probiert alles Mögliche aus. Die Welt des Brotbackens ist riesengroß, und mit der Zeit bekommt man ein gutes Händchen dafür. Und nicht sollte das Brot einmal nicht so gut gelungen sein: Nicht aufgeben, beim nächsten Mal klappt es bestimmt!

Erdäpfelteig

500 g	mehlige Erdäpfel
	Salz
250 g	Mehl
2	Eier
	Salz, Muskat

Es gibt zwei Varianten, um Erdäpfelteig herzustellen. Wir wenden im Lokal stets die erste Methode an, die zweite lässt sich jedoch spontan und schnell zu Hause umsetzen.

Bei der **erste Variante** wäscht man die Erdäpfel gründlich, stellt sie in einem großen Topf mit kaltem, gesalzenen Wasser auf den Herd und kocht sie weich. Wenn sie fertig sind, das Wasser abgießen und die Erdäpfel über Nacht auskühlen und trocknen lassen. Erst am nächsten Tag werden sie geschält.

Für die **zweite Variante** werden die Erdäpfel gründlich gewaschen, gebürstet, geschält und mindestens geviertelt. Die Erdäpfelstücke dann ebenfalls in gesalzenem Wasser weichkochen, das Kochwasser wegschütten abgekühlt zum Blumengießen verwenden. Die Erdäpfel in eine ofenfeste Form geben und im Backrohr bei 65–70 °C und spaltbreit offener Backrohrtür für circa fünfzehn bis zwanzig Minuten ausdampfen lassen. Dann können sie weiterverarbeitet werden.

Weitere Verarbeitungsschritte:

Die Erdäpfel durch eine Erdäpfelpresse drücken.

Die übrigen Zutaten dazugeben und rasch zu einen glatten Teig verkneten. Wichtig ist beim Erdäpfelteig, dass man ihn nicht zu lange zu knetet, sonst wird er speckig.

Aus dem fertigen Teig kann man Gnocchi, Schupfnudeln, gefüllte oder ungefüllte Knödel und gekochte oder gebackene Rouladen herstellen.

Zubereitungszeit: **ca. 10 min**
Kochzeit: Erdäpfel: **ca. 25 min**
Ausdampfen Erdäpfel: **ca. 15–20 min**

FORMGEBUNG

Gnocchi: Den Erdäpfelteig auf einer bemehlten Unterlage in circa einen Zentimeter dicke Rollen teilen. Mit einer Teigkarte etwa einen Zentimeter dicke Stücke abstechen. Für die klassische Gnocchiform gibt es ein Gnocchibrett (bekommt man in Italien, also Augen auf beim nächsten Urlaub). Man kann die Gnocchi aber auch sehr gut mit einer Gabel breitdrücken. Die Gnocchi dann in siedendes Wasser geben und leicht wallend kochen. Wenn sie an die Wasseroberfläche steigen, mit einem Siebschöpfer herausnehmen. Um die überflüssige Stärke abzuwaschen sollte man sie kalt abspülen und dann mit Butter, frischem Pesto oder Sauce anrichten.

Schupfnudeln: Den Erdäpfelteig auf einer bemehlten Unterlage in circa einen Zentimeter dicke Rollen teilen und mit einer Teigkarte etwa einen Zentimeter dicke Stücke abstechen und in der flachen Hand zu kleinen Nudeln „wuzeln". Gekocht werden Schupfnudeln wie Gnocchi, essen kann man sie in verschiedensten Varianten – auch süß.

Erdäpfelknödel: Aus dem Erdäpfelteig auf leichter bemehlter Unterlage eine circa fünf Zentimeter dicke Rolle formen. Passende Scheiben herunterschneiden und flachdrücken. Gemüse-, Topfen- oder Fleischfülle mit dem Teig umhüllen. Enden zusammendrücken und in den Handflächen rollen.
Knödel in siedendes Wasser legen, leicht wallend kochen. Mit einem Siebschöpfer herausnehmen.
Butter in einer Pfanne aufschäumen lassen, Knödel einlegen, salzen und leicht bräunen.

Erdäpfelroulade: Den Erdäpfelteig auf einer bemehlten Unterlage mit dem Nudelholz einen halben Zentimeter dick ausrollen, Fülle auf zwei Dritteln der Teigplatte verteilen und eng einrollen. Die Roulade kann man nun entweder wie Serviettenknödel (also in Folie oder ein gebuttertes Geschirrtuch eingerollt) in Wasser kochen oder im Backrohr bei 180 °C Heißluft circa fünfundzwanzig Minuten backen. Vorher entweder mit Butter oder Öl bestreichen oder im Backrohr mit einer Béchamelsauce überbacken.

VERFEINERUNGEN UND FARBGEBUNG

Den Erdäpfelteig kann man mit diversen Zutaten verfeinern und verschönern. Dazu eignen sich besonders gut gehackte Kräuter, verschiedene Gewürze, Pestos oder Öle, Nüsse und Gemüsepürees.
Experimentieren kann man mit fein pürierten gekochten Rote Rüben, Karotten, Kürbis oder Spinat, gehackter Petersilie, Basilikum oder Bärlauch. Je nachdem, womit der Erdäpfelteig kombiniert wird, kann man ihn außerdem mit Curry, Paprikapulver, gemahlenen Pilzen, Wal- oder Haselnüssen, Trüffel- oder Chiliöl würzen.

☞ Als Faustregel fürs Färben gilt: Ein Ei durch 50 g Gemüsepüree oder Pesto ersetzen.

FÜLLUNGEN

Fleisch: Selchfleisch, Grammeln, Schinken oder Faschiertes – egal von welchem Tier in unterschiedlichen Geschmacksrichtungen mit Zwiebel und Knoblauch gebraten. Schmeckt auch mit Paprikapulver, Chili, Kreuzkümmel, Kardamom, Zitronenschalen oder gehackten Kräutern.

Gemüse: gedünstetes Weiß- oder Rotkraut, Mangold, Spinat, eingelegte Paprika, frische gebratene Pilze, Kürbis, Broccoli – die Möglichkeiten sind grenzenlos.

Milch und Käse: Topfen, Frischkäse, Hartkäse – auch hier egal, von welchem Tier; Hauptsache, es schmeckt!

Topfenteig

100 g	weiche Butter
	Salz
250 g	Topfen
2	Eier
200 g	Mehl

Butter und Salz mit dem Handmixer schaumig rühren. Topfen und Eier dazugeben und gut durchrühren. Mehl hinzufügen und alles zu einem glatten Teig kneten. Dann zugedeckt im Kühlschrank rasten lassen.

Die Verarbeitung des Teiges erfolgt gleich wie beim Erdäpfelteig (Seite 214) – und man kann den Topfenteig ebenso vielseitig verwenden, zum Beispiel für Gnocchi, Schupfnudeln, Knödel, Teigtaschen …
Gekocht wird er ebenfalls in reichlich Salzwasser, bis die Knödel oder Gnocchi an die Wasseroberfläche steigen. Dann vorsichtig mit einem Lochschöpfer herausnehmen und süß oder pikant, überbacken, mit Saucen oder mit Nuss- bzw. Haferflockenbrösel weiterverarbeiten. Topfenteigknödel kann man außerdem sowohl mit Gemüse als auch mit frischen Früchten füllen.
Färben und verfeinern kann man den Topfenteig mit verschiedenen Kräutern und Gewürzen (ebenfalls Seite 214).

Zubereitungszeit: **ca. 10 min**
Rastzeit: **ca. 30 min**
Kochzeit: **3–25 min**

Topfenblätterteig

125 g	Butter
250 g	Topfen
250 g	Mehl
	Salz

Zubereitungszeit: **ca. 10 min**
Rastzeit: **ca. 30 min**

1. Die Butter in kleine Stücke schneiden oder mit der Vierkantreibe grob reiben.

2. Topfen, Mehl und Salz mit der Hand vermengen, dann die Butter dazugeben ...

3. ... und alles zu einem glatten, geschmeidigen Teig verarbeiten. Im Kühlschrank rasten lassen.

4. Auf einer bemehlten Fläche ausrollen und je nach Bedarf weiterverarbeiten.

Den Topfenblätterteig kann man für eine Vielzahl von Speisen verwenden. Wir haben ihn im Lokal immer auf Vorrat und er steht jede Woche auf unserer Speisekarte. Das Gute ist: Er eignet sich zum Einfrieren, hält aber auch im Kühlschrank mehrere Tage. Man kann ihn also super vorbereiten und aus dem Kühl- oder Gefrierschrank holen, wenn man ihn braucht. Das Schöne und Praktische an ihm ist, dass man ihn sowohl für süße als auch pikante Speisen verwenden kann. Außerdem schmeckt er warm und kalt gleich gut. Es ist egal, ob man vollfetten oder mageren Topfen verwendet – und auch beim Mehl ist der Topfenblätterteig nicht heikel, sondern sehr flexibel.

☞ Der Topfenblätterteig ist universell einsetzbar, einfach zuzubereiten und er schmeckt gut. Deshalb lieben wir ihn.

Wir verwenden ihn für große Strudel, kleine Taschen, süße Tartes oder pikante Quiches, als Knuspergebäck zum Salat oder für einen Dip. Auch gedrehte Stangerl für Suppen oder dünne Plättchen für Dessertcremen kann man aus ihm machen.

Frischer Nudelteig

Selbstgemachte Nudeln schmecken nicht nur besser, man kann sich auch kreativ austoben und hat unendlich viele Möglichkeiten in Bezug auf Farben, Formen und Geschmäcker. Als Grundrezept kann man sich immer an folgende Faustregel halten:

100 g	Mehl
1	Ei
1 EL	Öl
1 EL	Wasser

Um Nudeln einzufärben, kann man unter anderem verschiedene Gemüsepürees (Rote Rüben, Spinat, Kürbis, Karotten ...), Kräuterpestos, Paradeismark, Sepiatinte oder Kräuter verwenden. Dafür gibt es folgende Faustregel:

200 g	Mehl
1	Ei
50 g	Färbemittel
1 EL	Öl

Die Zutaten zu einem glatten, geschmeidigen und glänzenden Teig kneten. Die Qualität des Mehls ist ausschlaggebend für den Geschmack und die Konsistenz der Nudeln. Man kann prinzipiell jedes fein vermahlene Mehl verwenden. Einfach ausprobieren, je nachdem, worauf man gerade Lust hat oder was sich eben im Vorratsschrank befindet.

Zusätzlichen Geschmack erhält man durch Chilipulver, gemahlene Steinpilze, Currymischungen, Safran, gemahlenen Mohn, Kakaopulver oder viele andere Gewürze.

Die einfachste Art, Nudeln selbst herzustellen, ist mit einer handelsüblichen Nudelmaschine. Die Dicke der Teigblätter kann man nach Belieben selbst bestimmen. Aus den Teigblättern kann man dann ganz einfach Lasagneblätter, Cannelloni, Spaghetti, Tagliatelle, Pappardelle, Farfalle oder klassische Fleckerl und Suppennudeln schneiden. Man hat aber auch die Möglichkeit, sie zu Ravioli, Tortellini oder Kasnudeln weiterzuverarbeiten.

Bei der Nudelherstellung ist es wichtig, mit viel Mehl zu arbeiten. Außerdem ist ausreichend Platz von Vorteil, falls man die Nudeln trocknen und luftdicht verpacken möchte.

Die Nudelmaschine sollte nicht gewaschen und stets trocken gehalten werden. Am besten entfernt man das restliche Mehl mit einem Pinsel, klopft sie gut ab und verstaut sie trocken und sicher.

Bunte Nudeltaschen
mit verschiedenen Füllungen

200 g Mehl
150–200 ml Mineralwasser
2 EL Öl
1 TL Salz

Die Zutaten rasch miteinander zu einem glatten, glänzenden Teig verkneten und diesen bis zu seiner Weiterverwendung zugedeckt im Kühlschrank rasten lassen.

Ein kleines Teigstück abreißen, oval ausformen, einen Klecks Fülle in die Mitte geben und Teigränder durch Andrücken verschließen. Man kann die Ränder auch krendeln oder mit einer Gabel ein Muster hineindrücken.

Die Nudeltascherln dann in kochendes Salzwasser geben. Wenn sie an die Wasseroberfläche steigen, sind sie fertig. Mit einem Siebschöpfer herausnehmen, abtropfen lassen und in Butter oder eurem Lieblingsöl knusprig anbraten.

Zubereitungszeit: Teig: **ca. 10 min**
Ausformung: **ca. 20 min**
Kochzeit: **ca. 3–4 min**

☞ Auch bei den Nudeltascherln sind keine Grenzen gesetzt. Die Verhältnisse der Zutaten für Färbung oder Geschmacksgebung ist gleich wie beim Nudelteig.

Kärntner-Kasnudel-Fülle

(nach einem Rezept von Alex Springer)

500	**g**	mehlige Erdäpfel
500	**g**	bröseliger Topfen
	1	große Zwiebel, fein gehackt
40	**g**	Butter
	1 EL	Kerbelkraut, fein gehackt
	1 EL	Nudelminze, fein gehackt
	1 TL	Salz

Erdäpfel kochen, schälen, passieren und zum Topfen geben. Fein gehackte Zwiebel in Butter anschwitzen, Kräuter dazugeben, durchschwenken und zur restlichen Fülle geben. Salzen und gut durchmischen.

Zubereitungszeit: Teig: **ca. 10 min**
Ausformung: **ca. 20 min**
Kochzeit: **ca. 3-4 min**

Asia-Salate-Fülle

1	kleine Pastinake
2	Petersilienwurzeln
1	Knoblauchzehe
1/2	Bund Asia-Salate, fein gehackt
	Salz, Pfeffer

Gemüse und Knoblauch mit einer Vierkantreibe fein raspeln, gehackte Salate dazugeben und mit Salz und Pfeffer abschmecken.

Zubereitungszeit: **ca. 10 min**

Kürbiskern-Topfen-Fülle

350	**g**	Topfen
50	**g**	Kürbiskerne, gehackt und geröstet
	2 EL	Kürbiskernöl
50	**g**	Hartkäse, gerieben
4-5		Blätter Salbei
		Salz, Pfeffer

Topfen mit den übrigen Zutaten verrühren und abschmecken.

Zubereitungszeit: **ca. 10 min**

☞ Das sind nur drei Vorschläge als Fülle für die Nudeltascherln, doch auch hier sind der Fantasie keine Grenzen gesetzt. Lasst euch von der Jahreszeit inspirieren! Als Basis kann man immer Topfen oder gekochte mehlige Erdäpfel verwenden. Sollte die Fülle einmal zu feucht werden, kann man sie mit Semmelbröseln oder Haferflocken binden. Auch Fisch und Fleisch eigenen sich! Wir mischen zum Beispiel Topfen mit Dill, Zitronenzesten und geräuchertem Saiblings- oder Forellenfilet.

Spätzle

125 ml	Milch
2	Eier
	Salz, Pfeffer
	Muskatnuss, gerieben
300 g	Mehl

Milch, Eier, Salz, Pfeffer und Muskatnuss mit dem Schneebesen versprudeln, Mehl dazugeben, den Spätzleteig kräftig abschlagen und anschließend etwas rasten lassen

In einem großen Topf Salzwasser zum Kochen bringen. Teig durch ein Nockerlsieb streichen, einmal aufkochen lassen, währenddessen immer wieder umrühren. Nockerl in ein Sieb gießen und mit lauwarmem Wasser vorsichtig abschrecken.

Danach beliebig weiterverarbeiten. Solltet ihr die Spätzle nicht gleich verwenden, einfach mit 2-3 EL geschmacksneutralem Öl mischen und abgedeckt in den Kühlschrank stellen.

Zubereitungszeit: **ca. 15 min**
Rastzeit: **ca. 30 min**
Kochzeit: **ca. 5 min**

Geschmack und Farbe

Den Spätzleteig kann man wie viele andere Teige beliebig einfärben oder ihm zusätzlichen Geschmack verleihen, etwa mit passiertem Spinat, Karotten- oder Rote-Rüben-Püree und verschiedenen frisch gehackten Kräutern. Auch Kräuterpestos, gemahlene Nüsse sowie gute Öle und Gewürze werten Spätzle auf.

☞ Spätzle sind schnell gemacht und halten sich im Kühlschrank zwei bis drei Tage. Sie eignen sich als Hauptspeise - für Eiernockerl, Käsespätzle oder als Auflauf. Sie sind aber auch eine geniale Beilage zu Gulasch, Wildragouts oder Gemüseeintöpfen.

Danksagung

Wir danken unserer Grafikerin Christin und unserem Fotografen Wolfgang für die lange, lustige, abwechslungsreiche und gute Zusammenarbeit. Vielen Dank auch an Veronika und Lisa für die Motivation und die unzähligen hilfreichen Überlegungen, sowie unseren Eltern und Geschwistern für den positiven Zuspruch seit vielen Jahren!

Besten Dank auch an Gabi Hofer für die Bereitstellung ihrer Töpferkunst. Wer mehr davon haben und sehen will, besucht sie am besten in ihrem Atelier in der Morellenfeldgasse 1 in Graz oder auf einem der zahlreichen Töpfermärkte. (0664|42 44 722)

Danke allen unseren KooperationspartnerInnen, die sich jeden Tag mit so viel Hingabe und Liebe um die Entstehung herausragender Produkte bemühen.

Liebe FreundInnen unseres kleinen Etablissements und alle, die oft mehrmals die Woche durch unsere Tür kommen: Danke für die ständige Unterstützung, die guten Ideen, die Gespräche, das Lob und die Kritik. Ohne euch wäre das alles nichts.

Rezeptregister

Glossar

Biskotte	Löffelbiskuit
Eidotter	Eigelb
Eiweiß	Eiklar
Erdäpfel	Kartoffel
Faschiertes	Hackfleisch
Fisolen	grüne Bohnen
Fond	Bouillon, Brühe
Frühlingszwiebel	Jungzwiebel
Germ	Hefe
Heidelbeeren	Blaubeeren
Johannisbeeren	Ribisel
Karfiol	Blumenkohl
Karotte	Möhre, gelbe Rübe
Knollensellerie	Wurzelsellerie
Kren	Meerrettich
Lauch	Porree
Marille	Aprikose
Marmelade	Konfitüre
Paradeiser	Tomate
Rote Rüben	Rote Beete, Rohnen
Rotkraut	Blaukraut
Sauerrahm	saure Sahne
Schlagobers	Schlagsahne
Semmelbrösel	Paniermehl aus altbackenen Semmeln
Spätzle	Spatzeln, kleine Nockerl, die in Wasser gekocht werden
Staubzucker	Puderzucker
Topfen	Quark
Topinambur	Erdbirne
Vinaigrette	Dressing aus Öl, Essig und weiteren Zutaten
Vogerlsalat	Acker- bzw. Feldsalat
Weißkraut	Weißkohl
Zesten	dünne Streifen aus Fruchtschale
Zwetschke	Pflaume

ERNST MICHAEL PREININGER

Jahrgang 1980, ist Geograf, Mitbegründer des Lokals „Gaumenkino" und engagiert sich seit Jahren in der regionalen Lebensmittelversorgung.

ANGELA HIRMANN

Jahrgang 1985, ist gelernte Köchin, Ernährungspädagogin und angehende Gastrosophin.

Auflage:

2018	2017	2016	2015
4	3	2	1

© 2015 by Löwenzahn in der Studienverlag Ges.m.b.H.,
Erlerstraße 10, A-6020 Innsbruck
E-Mail: loewenzahn@studienverlag.at
Internet: www.loewenzahn.at

Umschlag- und Buchgestaltung sowie grafische Umsetzung:
Christin Bacher (www.christinbacher.at)

Fotografien: Wolfgang Hummer (www.wolfganghummer.com)

Gedruckt auf umweltfreundlichem, chlor- und säurefrei
gebleichtem Papier.

Bibliografische Information Der Deutschen Bibliothek
Die Deutsche Bibliothek verzeichnet diese Publikation in der
Deutschen Nationalbibliografie; detaillierte bibliografische
Daten sind im Internet über <http://dnb.ddb.de> abrufbar.

ISBN 978-3-7066-2560-9